郑立德————

著

谈判的力量

THE POWER OF NEGOTIATION

中国友谊出版公司

图书在版编目（ＣＩＰ）数据

谈判的力量 ／ 郑立德著. － 北京 ：中国友谊出版
公司，2021.1
ISBN 978-7-5057-5072-2

Ⅰ．①谈… Ⅱ．①郑… Ⅲ．①谈判学－通俗读物
Ⅳ．①C912.35-49

中国版本图书馆CIP数据核字(2020)第230006号

书名	**谈判的力量**
著者	郑立德
出版	中国友谊出版公司
发行	中国友谊出版公司
经销	新华书店
印刷	天津中印联印务有限公司
规格	880×1230毫米　32开
	8 印张　151千字
版次	2021年1月第1版
印次	2021年1月第1次印刷
书号	ISBN 978-7-5057-5072-2
定价	48.00元
地址	北京市朝阳区西坝河南里17号楼
邮编	100028
电话	(010) 64678009

推荐序一
双赢是不会从天上掉下来的

东吴大学政治系教授、和风谈判学院创办人／刘必荣

我很高兴为立德这本书写序，因为它真的很好看，也很容易上手。很多人以为谈判是一门很艰深、很"难啃"的学问，然而读了这本书你就会发现，谈判其实很容易。只要观念与技巧对了，每个人都有可能成为谈判高手！

立德初上我的谈判课大概是在十几年前吧！当时他在企业担任讲师，对谈判极有兴趣。上了很多节我的谈判课，也上了我的讲师班，并跟着我一起去大陆上课。

后来他离开企业，自己成立管理公司，也开始讲授谈判，培养出自己的粉丝群。看着他这样成长我很开心，因为我一直把推广谈判的艺术当成一个社会启蒙运动，越多人加入，这门艺术与智慧就会受到重视，社会就越有可能双赢。

当初我因为王羲之《兰亭集序》的"惠风和畅"四字，把我的谈判学院取名为"和风谈判学院"，其实我还有另一个口号，那就是："加入和风，一路春风！"现在在看这本书的朋友，有兴趣的话可以加入我们的行列，一起研究谈判，推广谈判观念。

为什么要推广？因为我们希望能够创造双赢的结果。这个社会冲突太多，很多人其实不是不愿意好好解决冲突，而是他们不知道该怎么做。双赢是有方法的，但需要学习。谈判，就是创造双赢的最佳途径。

可是双赢不会从天上掉下来，你必须要谈，要争取你的权益。立德在书中写得很好——"本来想：忍一时气，风平浪静；结果是：忍一时气，变本加厉！""原以为：退一步想，海阔天空；最后是：退一步想，啥都没有！"

我们过去总认为"吃亏就是占便宜"，其实不一定。我们以为忍让是一种修养，谦虚是一种美德，其实我们只是没有认真面对过眼前的冲突。没有面对过冲突，当然也就不会思考如何解决冲突。没有面对只会逃避，最后被欺负了，只会自怨自艾，然后自己安慰一下自己："不是不报，时候未到。"

可是这样有用吗？立德在书中举了很多实例，告诉你其实很多事你是可以争的。要敢争，要会争，才有可能争取到我们应得的利益。可是争，不是要你咄咄逼人，还是要留一条路给人家走，这才是谈判者所讲究的真修养——"赢者不全赢，输者不全输"。

我们学政治的，常说政治是"让事情成为可能的艺术（the art of possible）"。为什么这些看似艰难的事会成为可能？就是妥协。妥协不是让步，是交换，是留一点给对方。

美国前总统里根被称为"伟大的沟通家（the great communicator）"，他的幕僚就说，里根之所以能成为伟大的沟通家，在于他从来不要 100 分。

试想，如果他什么都求全胜，都要 100 分，那对方就只能 0 分，对方会不反弹吗？一旦来个鱼死网破，你什么都得不到。所以他只要 80 分，这样对方还有 20 分，反弹的力度就会少一点，成功的机会就会多一点。所以里根主张"少即是多（less is more）"。少要一点，成就多点，这让他成了伟大的沟通家。

我觉得这很值得我们三思，大家嘴上都讲沟通，骨子里都想全赢，这怎么可能成功呢？

立德的书里面，也在阐述这个概念。他用实例告诉读者，双赢到底是怎么样"炼"出来的。立德很会说故事，也很会从电影里面找题材。很多时候我都请他帮我在电影里面找谈判故事，今天他把这些故事都写出来了，我也赶紧先睹为快。

这是为什么我说这本书很好看的原因。另外，书里面的案例涵盖面也非常广，包括应聘面试、申请加薪、裁员跳槽、客诉处理、保险理赔，从职场、商场到家庭，真正验证了"谈判无所不在"这句话。所以这本书绝对不是在纸上谈兵，它是人人都可以阅读的"谈判实战手册"。

所以如果你对谈判有兴趣，想学谈判又怕谈判谋略太艰深，难以理解，立德这本书绝对是开启谈判大门的一本书。我很高兴也很荣幸能为这本书写序，也欢迎大家进入研究谈判的殿堂。有了谈判这种超能力之后，你也能一路春风！

推荐序二
让你成为真正的“谈判专家”

世邦魏理仕（CBRE）台湾董事总经理／朱幸儿

我和 Leader（立德）是在 2014 年 7 月 4 日认识的，一转眼已过了 5 年，当时是因为公司举办员工教育训练，同事推荐了在沟通、销售及谈判等领域具备丰富实务与专业教学经验的 Leader 来担任讲师。

该次训练讲座获得了全体学员极为热烈的反响，而我本人也受益良多；此后，我也开始了和立德之间亦师亦友的关系。这些年来，我们常有机会就工作上有关沟通谈判、领导力、服务销售及团队激励等议题交换意见及心得，因而让彼此都能相互学习成长。

欣闻立德即将出书，他将多年的所知所学与人生的经历体验，透过丰富多元的实际案例和真实故事，以简洁、清晰、易懂的文字，化为实用可行的谈判技巧，让未能亲临课堂受教的读者，能够从阅读本书当中有所收获。立德撰写此书，是希望读者能达到"懂得谈判""知彼知己""有效说服"及"创造双赢"的四大目标，进而在面临各种大大小小不同议题的沟通谈判时，能够运用书中的智慧，让谈判的结果可以"未必最好，但会更好；不求全拿，但得更多"。

笔者 20 多年来，一直都在从事业务性质的工作并担任管理职位，其间所参与、经历的大大小小的谈判，可说不计其数，其中有的成功，有的失败。我深知谈判能力不是与生俱来的，每个人的口才和谈判能力，是可以透过学习训练和不断阅读而自我提升的。此外，实务经验的累积也非常重要。

"古今多少事，尽付谈判中。"在每日的生活和工作中，我们也能处处看到谈判的重要性。例如亲子关系、两性婚姻、购物消费、环保议题、劳资纠纷、国防外交、个人权益、营销买卖、警匪谈判、企业并购、公司管理、国际局势，无一不需要靠谈判来化解分歧、解决纷争、达成共识。因此我们每个人都应训练自己解决问题及沟通谈判的技巧和能力，只有你的谈判力不断精进，才能在每一次的谈判当中增加自信、解决问题、化险为夷并得到更多。

市面上以"谈判"作为主题的书籍极多，我也曾经购买、阅读过其中数本，但发现许多谈判书籍的内容大多阐述教条式的专业理论，并多半引用过时的案例，有时读来不免沉闷无趣，无法引起共鸣且不易吸收。而阅读本书，发现它与其他"谈判"书籍相较之下，至少具备下列数个不同特点：

1. 内容生动有趣、易懂实用；

2. 提纲挈领、容易阅读，帮助谈判力加速升级；

3. 文笔流畅、案例多元翔实且生活化，可即学即用；

4. 看电影学谈判、寓学于乐；

5. 理论与实务结合运用，不流于空谈理论；

6. 精辟剖析谈判五大元素，将 20 个谈判关键点无缝接轨于现实生活中；

7. 除教授谈判技巧外，更传达正确谈判心态和价值观；

8. 帮读者精进技能、解决问题、打开僵局、得到更多。

以上足见此书无论对于有志学习谈判，还是希望再精进提升自身谈判能力的读者，都是一本值得阅读的好书。

相信看过电影《复仇者联盟》系列或是《神奇四侠》的读者，应该都会羡慕剧中主角们拥有飞天遁地、发电喷火、隐形等各种特异功能。很遗憾的是我们几乎所有人都无法具备这样的超能力，但是有关"谈判力"的养成，诚心推荐大家阅读 Leader

的这本新书！在生活和工作中实际运用书中所教导的各种心法和观念，相信大家都可以开始拥有谈判力的"超能力"，进而成为真正的"谈判专家"。

推荐序三
谈判力是终身学习的累积

爱尔达电视创办人暨董事长／陈怡君

我与郑立德顾问结缘于台大教授江炯聪的"赛局理论"课程。我对郑顾问的第一印象是文质彬彬、谦恭有礼,但没想到在课堂上分组模拟谈判时,这位斯文的郑顾问摇身一变,成为一位辩才无碍、条理分明的谈判专家,把赛局理论的第一步——"威、逼、利、诱"充分运用,主导了谈判全局。郑立德顾问自身拥有丰富的业界导师经验,也亲身参与多个谈判个案,谈判功力不言而喻。

本书是郑立德顾问把自身所见所闻的谈判案例编辑而成的一本精彩实用的谈判实战手册,内容浅显易懂。本书一开始即以幽默风趣的自序开场,让读者拜读后会心一笑。而当进入正文后,提纲挈领的分类,可让读者一目了然,如:什么是谈判力？何时需要谈判？为何要学谈判？深入浅出的笔触，使读者兴味盎然，不知不觉地就想继续阅读吸收书中的理念与精华。

其中，谈判案例虽随着章节的不同，环扣着不同主题，但相同的是为让读者感同身受或贴近生活经验，立德不仅引用广为人知的电影情节，亦将自身所阅所闻的丰富经历，以真实诚恳的态度撰写于书中，与读者分享。让读者可在轻松心情下，一窥多面向的谈判情境，心领神会谈判前的事先准备、谈判中的交手及谈判后的应对诀窍。多读本书几次，熟能生巧，当可掌握先机，灵活运用于自身谈判上。

我认为谈判已是职业经理人必须要学习的一种能力。不论是企业内部的经营管理或是外部的业务洽谈，其本质都是一种谈判。谈判是门艺术也是技术，谈判要靠实力也要靠手段，谈判的结果可能是双赢也可能是双输。

同时，谈判也需要终身学习、累积，要从失败和成功的经验中学到有助于下次制胜的经验，因此它是一门理论结合实务的学问。我在商场上也曾经历过许多谈判事件，特别是节目赛事版权的谈判，例如 2008 年北京奥运新媒体转播权的取得。这是奥运首次开放新媒体的转播权，当时全球首张新媒体授权许可，就是由我的公司（爱尔达科技）拿下的。为取得这张授权许可，我曾与国际奥委会洽谈许久，当时彼此有各自的立场与考虑。最后，我们在创造价值、寻求双赢的情况下顺利取得授权，让台湾地区的观众可以欣赏到北京奥运的高清转播。

人生无时无处不谈判！无论是市井小民的市场买卖、为人父母的儿女教养，抑或是政商高层的谈判议案，都十分需要书中所教导的双赢谈判力。为了符合时代的潮流，也为了让自身的生活更美好，本书绝对是您值得一看再看的实用佳作。

推荐序四
谈判是非常重要的必备技能

欣台保经董事长／苏晋川

立德是我以前的同事，跟我共事多年。他是一位专业的培训师，从国泰人寿组训一直到台新银行关系企业的专任讲师，到最后他自行创业，他的专业领域主要是在销售、谈判、沟通还有团队的激励，是一个不可多得的业界专业人才。

谈判是我们这个年代实用的技能，不管是食衣住行，还是就业、商场谈判、国与国之间的交涉、下对上的沟通及上级对下级的要求……，都需要用到谈判技巧。

"谈判"事实上就是沟通跟协调，以期谋取更多利益——未必最好，但可以更好；不求全拿，但可以更多；希望可以越谈越有利。谈判也是要有技巧的，不能太过坚持，到时候两败俱伤。"宁为玉碎，不为瓦全"是彼此最不想看到的结果。所以谈判是人人都需要的一种能力，尤其是现在从应聘面试到要求加薪，或是解决消费者争端，甚至是客诉处理……这些都需要谈判。

在金融界，不管是银行或是保险公司，碰到的客诉案件都非常多，像是本书里面谈到的保险案例，客户投资保单亏损却不认账，一定要拿回原来所缴保费的全部金额；或是连动债①亏损，客户来投诉；或银行农会柜台发生保单的纠纷；等等，这些状况常常会在金融界发生。最后书中提到立德自身的案例——"周末暗夜受伤事件"。事情发生的时候，他跟我讨论应该要怎么样来处理，后来立德也秉持着他谈判的专业、耐心跟耐性，最后圆满地解决了。

所以"谈判"在我们生活中是非常重要的必备技能，这本书的内容简明扼要，透过真实生动的案例，大家可以很有趣地来学习。他清晰的思路与流畅的文笔，让我们可以即学即用。这本书里面还有一些有趣的部分，比如"那些电影教我的谈判技巧"，透过看电影学到的那些案例，我实在是获益良多。

这本书是理论跟实务的结合与运用，内容讲到谈判的五大元素和 20 个制胜的关键点，它们统统可以无缝接轨到现实当

---

① 又称连动式债券、结构式债券。连动债的投资方式，一般是将大部分的投资资金配置于低风险、低回报的债券中，而剩余的小部分资金，则配置于高风险、高回报的衍生性金融商品中。该类金融产品的发行商多半会鼓吹其"保本高息"的特点，有时会误导客户以为其"稳赚不赔"。

中。本书还有一个重点，就是他不只是讲"谈判技巧"，更重要的是传达正确的"谈判心态"跟"谈判价值观"。要上谈判桌之前，先把谈判的心态建立起来，可能会遇到什么样的状况，你心中要有个底线，这些谈判的价值观在书里面都有提到，我觉得非常好。

最后，谈判虽然说是在极力争取最大的利益，但是立德在结语部分特别谈到老子《道德经》第四十四章，最重要的就是：懂得满足、节欲不贪，就不会受到困苦；懂得适可而止，知所进退，就不容易陷入危险。

在现今的社会，我们最好的准备就是充实自己，当自己有实力的时候，碰到需要谈判的事情，我们就会有实力去让一点小利，让这个事情变得更圆满，而不是事事都要计较。适可而止，知所进退，就不会陷入危险。最终得以绵延不绝，长承久远，我觉得这是一个最好的结局。这本书非常实用，我相信本书出版之后，会是洛阳纸贵、不断地再版！

我们希望透过这本书，透过立德的推广，可以让这个社会上更多的人，不管在生活的方方面面都拥有谈判的知识跟技巧，还有基本的价值观与心态；在人际关系的处理上面，大家会更圆融，可以达到一个双赢的境界。

这本书我相信看过、用过之后，会彰显出它的价值，最怕的是束之高阁，下次碰到需要沟通、协调或是需要谈判的事情，我们又忘了这本书传授给我们的技巧，那就太可惜了！希望各位读者将这本书学以致用！这是一本有趣的书，也是一本实用的书。最后，我也祝福立德未来能在讲师及作者这两段工作生涯中都能取得更大的成功。除了这本书之外，我们也期待他下一本更精彩的书。祝福立德！

自序
母亲教我的谈判学

什么是谈判？买卖东西讨价还价，杀得难分难舍，欲走还留，算不算谈判？

小时候，常跟母亲去我家对面的传统市场买菜，每次到了卖青菜的摊位，母亲都会很自然地跟卖菜阿姨说："这菜怎么卖？怎么那么贵？算便宜一点啦，那你送我一把葱好了，不然我去别摊买哦。"

纠缠到最后，卖菜阿姨通常一脸不情愿地说："好啦好啦！你是老客户才有喔！下次不能这样了！"但下次通常还是这样，所以我们每次都会带着免费的青葱"凯旋"。

那时年少不懂事，我和老姐总是想不通，从买菜到买衣服，为什么老妈买什么都要杀价？这让我们姐弟俩觉得实在很丢脸，就为了省那几块钱，有必要杀价杀得那么夸张吗？

刚入社会工作时，我也常自己逛市场买菜。从小耳濡目染，

"中毒很深"的结果就是，跟老妈一样，总会忍不住地跟卖菜的阿姨说："这菜怎么卖？怎么那么贵？再便宜一点啦，要不然你送我一把葱好了。"

但阿姨的回应，跟我想的完全不一样！她说："年轻人，你有没有搞错？现在葱很贵耶！真是吃米不知道米价！要不然这样，你买一把葱，我送你一把青江菜如何？"

这……什么状况？世界变了，时代不一样了，"价值"随"时"不同，因"人"而异。

虽然因为时空背景不一，对象不同，使用的人不同，结果也有所不同；但是，有台词总比没台词好，有话术总比没话术好，有得谈总比没得谈更加有利。

现在回想起老妈那些杀价的台词，才发现那不仅是买卖还价的技巧，也是一种谈判话术。

少不更事，长大后才知道，原来老妈是个谈判高手，靠着她省吃俭用及无数次成功的谈判议价，拉扯我们长大。母亲辛苦了，您真伟大！

我的老师，华人界的谈判大师，和风谈判学院创办人——东吴大学政治系刘必荣教授有句名言："赢者不全赢，输者不全输！谈判不是白马（Yes 肯定句），也不是黑马（No 否定句），而是斑马（If 条件句）！"

就如同老师创立和风谈判学院的初衷，"和风"两字取自于王羲之的《兰亭集序》："是日也，天朗气清，惠风和畅。"若人人都能学会正确的谈判价值观与谈判技巧，则大地吹起一阵徐徐和风，社会将多些祥和，少些冲突与争执。这也是刘老师到处推广谈判教育的核心理念，这深深打动了我。从此我希望能不断充实自己，帮助更多人学习"谈判"这件事，将"和风谈判"的精神与理念，发扬光大！

身为专业讲师，我主讲的"乐活五力"包括"有效沟通力""成功销售力"及"双赢谈判力"等。在我看来，其实"沟通""销售""谈判"，只是层次上的不同：沟通和销售大多是一对一，而谈判常常是多对多的"局"，例如国际外交谈判、商务谈判等。

看得更高更远，想得更多更深，则谈成的概率就相对提升。但无论如何，"沟通能力"永远是最基本的要求，切莫舍本逐末，凡事必称"谈判"，工于谈判技巧、策略与战术，而忘记了唯有"正面、良好、有效的沟通"，才是双赢互利谈判的根本之道！

我写这本书的初衷和目的是：希望将多年来在谈判上的所知所学，加上我的人生经验与体验，透过丰富有趣的实务案例、最新时事与电影故事，借由简明扼要的文字，深入浅出地说明"谈判"这件事。

"什么是谈判？""何时要谈判？""何时谈判比较有

利？""谁来谈判？""为何要谈判？""如何学谈判？""如何谈判？"……

上谈判桌前，我们可以检视自己谈判的成功关键点，问问自己：

你清楚对方的实力吗？

你清楚自己的能力吗？

你了解真实的人性吗？

你知道自己要什么吗？有哪些有利的条件能帮你争取到它？

你知道对方要什么吗？对方又能开出哪些筹码？

有没有掌握谈判"人、事、时、地、物"的五大元素？

你有同理心，能将心比心，仔细听出对方的"需求"或话语中的"虚实"吗？

你具备谈判说服的能力吗？

上桌谈判该如何出牌？何时出牌？如何进行谈判的攻防与推挡？

谈判让步有哪些重点？如何收尾，取得承诺？有哪些应该注意的细节？

学习谈判，不仅要学话术、技巧、方法、战术、策略、艺术，更要学习谈判的人生观、价值观。谈判没有那么"尔虞我诈、高深莫测"，但也不是三言两语就可轻松道尽！

人人会谈判，处处更和谐。"争取"本该属于你的权利或利益，"让步"给对方一条能够回家的路，并具备分辨"争取"与"让步"的智慧。双赢谈判，让你越谈越有利。

感谢母亲这辈子的教养之恩，她是我奋斗的力量，没有她就没有今天的我；感谢老师刘必荣教授一直以来的教诲、鼓励与支持，点亮我谈判的明灯，开启我谈判的智慧，协助我走上学习谈判、分享谈判、传递谈判价值的康庄大道。

这本书，献给在天上我最敬爱的父亲，我对您有着无尽的思念与感恩！

这本书，送给我今年 5 月刚满三岁的儿子辰辰，希望他未来能借由此书，了解他老爸当年在学什么、想什么、教什么、写什么，如何帮助更多的人过更好的生活。

感谢我太太 Debby，和所有支持过、鼓励过、教导过我的人，以及因本书结缘的您。

这本书，诚心为您而写：

人争一口气，花香蝶自来；
向着阳光走，希望永远在！

亲爱的读者，欢迎来到有趣、有用、有条理、"不求全拿，但得更多"的谈判"心"世界，准备好学习并培养你的"谈判超能力"了吗?

让我们继续看下去，Let's Go！

郑立德

目 录

CONTENTS

第二篇　双赢谈判轮，你得多少分
PART 2

第三篇　谈判的五大元素

前言

本来想：忍一时气，风平浪静；结果是：忍一时气，变本加厉。

原以为：退一步想，海阔天空；最后是：退一步想，啥都没有。

这年头，无论你在哪个行业或职位，不管你是哪个世代，不了解人性，就等着失败；不懂得谈判，只能说遗憾。在这个人工智能与大数据的时代下，人人都应具备的基本能力，就是双赢谈判力。

从应聘面试、要求加薪到裁员跳槽；从解决消费争议到面对客诉处理；从谁负责接送孩子到谁有权监护孩子；从争取保险理赔到公共意外怎么赔……谈判，无所不在。

从诸葛亮"赤壁之战，吴蜀生死结盟谈判"到司马懿"关公之死，吴魏分化结盟谈判"，古今多少事，尽付谈判中。

无论国际外交，两岸协商；商业交涉，买卖议价；劳资纠纷，损害赔偿；或是企业并购，公司经营；面试裁员，领导管理；两性亲子，人际关系；战场、商场、职场、家庭、工作、生活……人生无处不谈判。

　　本书将告诉您，如何将正确的谈判观念、技巧、策略、心法、态度及价值观，自然而然、化繁为简地融入日常生活，并运用在您的事业与工作中。本书列举了大量真实的生活案例、重要时事及电影中的经典谈判情节，巨细无遗、生动有趣地解析：如何发挥个人的优势谈判力，为自己争取更多利益，并替对方想好回家的路，创造双赢的最佳契机。

　　不求全拿，但得更多；轻松学谈判，"现学能现卖"。

第一篇
轻松学谈判的 5W1H

一、什么是谈判（What）

在"双赢谈判力"的课堂上，我常问学员五个简单的问题，让他们自问自答，这五个问题是：

- 什么是"谈判"？
- 在我的生活和工作中，何时需要"谈判"？
- 学会"谈判"对我有什么帮助？
- 我印象中最深刻的"谈判"经验（成功或失败）是什么？
- 在今天的"谈判"课程中，我希望学习、获得或改变什么？

在阅读本书的一开始，我也想问大家，翻开这本书，进入谈判的奇妙世界，你，想要获得什么？

首先，一讲到"谈判"，你会想到什么呢？

沟通、销售、说服、说话、妥协、协商、条件、筹码、争执、对峙、僵局、方法、技巧、策略、利益、冲突、敌对、推挡、攻防、立场、底线、让步、**商务**、损失、赔偿、代价、法院、仲裁、调解、和解、金钱、婚姻（结婚或离婚）、恐怖分子、绑匪……

有人说："谈判就是沟通。"

有人说："谈判是为了得到想要的东西。"

也有人说："谈判就是要达成共识。"

很多人一听到谈判，就觉得很遥远，跟他无关；也有许多人一想到谈判就头大，觉得很难。但无论如何，生活和工作，处处是谈判。

谈判不是最终目标，而是达成目标的方法和手段。谈判不是道德，只是一个选择。谈判不是非达目的不可，有时也可能只是作秀、欺敌、情报搜集，或拖延时间。

"谈判"的定位

"谈判"是为了解决问题、争取利益、达成共识、寻求双赢所共同决策的过程。

这里有三个重点：

1. **共同**：一方能决定的不算谈判。

2. **决策**：谈判不是打仗，是一种思维方式，是做人处事的素养和价值观。

3. 过程：这一回合会影响到下一回合。

举一个日常生活中的简单例子：我儿子辰辰今年 5 月刚满三岁，有时候早上看卡通片，上学时间到了却不愿意关电视，得寸进尺地吵着还要再看一下，坐在地上耍赖，不去上学，这让我很恼火。

当然，我可以用打骂的方式拉他去上学，但你可以想象这会是怎样的画面吗？一个老爸，拖着一个一把鼻涕一把眼泪的小男孩"游街"，沿路还不断斥责小男孩，要他别哭了，走快一点。路人大多会对这个小男孩报以同情的眼光，并且用不屑的眼神看着他老爸，心里想着："多可怜的小男孩呀！一早就被没耐性的老爸家暴！"他们不清楚，其实我才是"被家暴"的人！

正因为这绝不是我要的画面，所以我得跟儿子好好谈判。

- 表面看来"上学"这件事，父母有绝对的 Power（力量、权力），但实际上这是父母和孩子共同决定的事。

- 父母并不想用极端的手段强迫儿子去上学（当然有的父母并不介意），这是一种教养小孩的价值观。

- 如果今早孩子不遵守约定：看完卡通片就关掉电视去上学，那么明天起床就不准看卡通片，直接上学（谈判的每一回合都有关联）。

《孙子兵法》说："兵无常势，水无常形。"所以谈判时要认清现状和局势，顺势说服或臣服！

谈判的"独孤三势"：

1. 局势：目前的大环境如何？哪些人出现在这个谈判的"局"当中？我掌握到的资源与信息是什么？

2. 形势：综合目前的情况，现在谈判对我有利还是不利？如何有利或为什么不利？该如何应对方为上策？

3. 趋势：整体大环境的风往哪吹？情况会越来越好，还是每况愈下？我的下一步要怎么做？

议题权力≠整体权力

也许你整体权力大，但在某些时点或议题上，我占尽优势，所以你得跟我谈。就如同在警匪人质谈判中，香港飞虎队、美国 FBI 虽然火力强大，兵源充足，但因为歹徒手上有人质，而且一个都不能死（警方没有什么 80% 达标率的问题，人质的存活率要百分百，这是唯一的底线），所以歹徒在谈判中占有一定优势，在人质事件这个议题上，绑匪具有谈判的权力。

在谈判中：

1. 强者不恒强：若是一枝独秀，市场及资源尽在其手中，则睥睨天下，所向无敌，何需谈判？

2. 弱者不恒弱：要不是手上握有对方想要的东西，对方有求于我，否则敌众我寡、敌强我弱，彼此的实力悬殊，怎敢谈判？

3. 赢者不全赢，输者不全输：谈判不是 Yes（肯定句），也不是 No（否定句），而是 If（条件句）。谈判必须有弹性，不马上接受，不断然拒绝，而是提出另一种选项，看有没有谈成的机会。利益交换，各取所需，才是王道。

媳妇如何应对无理婆婆

Mary 是一位被情绪勒索、言语霸凌长达六年的媳妇，她忍无可忍地在大年初二的半夜打电话跟无理的婆婆谈判。

"如果你儿子要继续当孝子，我尊重他，随时都可以签字。离婚对我而言，只是一种解脱，我没什么好怕的。我会自己好好把两个小孩带大，不用你们费心。你知道我家的背景和经济状况，即使到法院打官司，应该也不会输。就算无法好好相处，我们也要画一条界线，好好讲清楚。"

谈判对手分析：

欺善怕恶又胆小，以为先吵先赢，输人不输阵，还停留在旧时代观念，一心要把媳妇踩在脚下的传统婆婆。

谈判策略：

忍无可忍，不用再忍，先声夺人地翻桌出牌反击，明确让对方知道自己的谈判实力、底线与退路。

谈判结果：

婆婆不再恶言相向，媳妇至少保有目前的风平浪静、相安无事、一南一北互不侵犯的生活。

📑 如何说服家人请保姆

70 岁的刘妈妈，郑重提醒 79 岁全身都是病、一提到要找外佣来就发飙的刘伯伯："请保姆不是照顾你，而是要照顾我。我老了，也病了，真的做不动了，还要照顾你。我得请保姆来帮我分担粗重的家事，协助我打扫家里、买菜做饭，这样我才能专心照顾你，当你的专职护士，把你照顾好，也把自己照顾好，你说好吗？"

谈判对手分析：

刘伯伯担心保姆无法照顾好自己，更担心一旦请保姆，刘妈妈就不会再全心全力照顾自己。

谈判策略：

站在另一半的立场，为对方利益着想，激发同理心及恐惧感。

谈判结果：

刘伯伯终于放心地让保姆入住家里，大大提升了自己的看护质量，同时也减轻了刘妈妈的看护负担，这是个双赢的谈判结果。

孩子撒娇如何应对

事先说好，到公园玩耍，去程由爸爸抱，回程就自己走的两岁儿子，在回程时跟爸爸说："爸爸，我最爱你了，加油，你很厉害的！你可不可以抱抱我？"

谈判对手分析：

面对儿子撒娇就束手无策，举白旗投降的老爸。

谈判策略：

对两岁的小孩而言，使用的不是策略，而是本能和天性。

谈判结果：

老爸一路抱着儿子走回来，父子都很开心，一样是双赢。

如何让孩子乖乖听话

看到一早起床看完 7 点半幼儿频道播映的《面包超人》，却还不肯关电视上学的儿子，老爸大声呵斥："现在马上立刻就给我关电视上学去！"

但儿子完美诠释了成语"充耳不闻"，这时老妈拿着电视遥控器，面带微笑地问儿子："是你关，还是妈妈关？"

儿子听完马上用遥控器关掉电视上学去了。

亲子谈判，谁说了算？

打破僵局，解决问题

谈判发生的三个条件：

1. 必须有一个双方都无法容忍的僵局：

若是只有一方不能容忍，那谁不能忍谁倒霉，对方没理由上桌谈判，更不会让步。他不愿意跟我谈，可能是因为不谈，损失不大；谈了，获益不大。

因此，要让对方愿意跟我谈判，必须增加不谈判的损失，或是提高谈判的获益，才能诱使对方跟我进行谈判。

2. 双方体认，靠一己之力无法解决僵局：

还记得前面讲到谈判的定位吗？谈判是共同决策的过程，一个巴掌拍不响。

3. 双方都认知到，透过谈判解决问题是：

（1）可行（办得到）的；

（2）可欲（比较好）的。

📄🔍 千万理赔的客诉谈判

2009 年金融海啸，在高雄做螺丝进出口业的客户王董，听信银行理财顾问的建议，买了当时让人闻风色变的连动债，原以为可以旱涝保收，但结果赔惨了！王董在地方上关系良好，人脉广、气势强、姿态高，一直紧咬住银行理财顾问"隐瞒连动债会有风险的疏忽"，要求银行一毛钱都不能少地负起全责，不肯有一丝退让！由于客户态度和后台都十分强硬，而且金额巨大，外商银行的副总经理 David 亲自处理本案，与区协理、分行经理一同前往客户家中拜访。

David 平日对于客诉事件处理的谈判基本原则是：

1. **安情绪**：安抚客户激动不满的情绪，先处理心情再处理事情。

2. **说事实**：诚实告知客户，目前本行积极处理的原则、步骤、状况与进度。

3. **定时间**：告知客户何时会有较具体的答案。

4. **给答案**：诚实回复交涉处理后的结果。

谈判地点在客户家，王董约 60 岁，是一位做螺丝五金事业白手起家、满手现金的大老板。刚见面，王董一开口便气冲冲表明，会赔这么惨全都是理财顾问的错，因为理财顾问保证"一定保本，"他才会投资连动债，他要求银行必须全权负责，全额退还损失上千万元的投资本金，否则就上告金管会申诉该银行。David 没说什么，只是静静聆听，再缓缓地确实执行客诉谈判的四步骤。

"王董，您说的我都了解，您的心情我能体会，非常感谢您对我们银行这么多年的支持。"（1. 安抚客户的情绪）

"然而，根据我们内部几次重要的会议讨论，目前仍未有一个具体的结果。坦白说，要银行全额赔偿这笔投资金额，这难度真的很大。"（2. 有条不紊说事实）

"这样好了，我回去再跟我们老总做最终讨论，无论如何，明天我一定会亲自打电话跟您报告结果，您说好吗？"（3. 订一个回复答案的明确时间点）

王董虽然不满意，但毕竟见面三分情、副总亲自出马，王董不再像之前一样愤愤不平，也只能暂时接受 David 的说法。至少今天的谈判，客户有拿到一个银行明天会给最终答复的"承诺"。

第二天中午，David 副总偕同原班人马再次登门拜访，王董原以为是电话回复，没想到是"现场突袭"这一招，穿着汗衫短裤在家门口泡茶聊天的他，对 David 的出现十分惊讶。

"王董，是这样子的，您是我们银行非常重要的客户，我想想还是应该亲自再来拜访您一趟，当面跟您报告我们银行讨论的最终结果，以示诚意。说实在的，这笔连动债的投资金额，根据法律、判例及目前政府的规定，我们实在没办法代为负责！但是为了表示诚意，我们银行可以承诺您比现今市场多一倍的定存利率。相信在连动债事件之后，您跟我们一样，也会认为还是稳健保守的银行定存，才让人晚上比较能安心睡觉，对吗？"

"您可以拿出两亿元新台币放在银行的定存账户里，我们保证让您用两倍的利率，从这里慢慢把损失的资金存回来。若您嫌太慢想快点回本，就算存更多金额，我们都甘愿承受。这已经是我们银行最大的诚意跟最后的底线了，您觉得如何？"（4.给答案）

最终王董接受了 David 的建议，并表示十分感谢银行主管们的尽力协助。

David 副总分享了三个谈判心得：

1. 跟大老板谈判，输人不输阵，要的是气势和诚意：翌日未依原定计划打电话，而是亲自登门拜访，西装对上短裤，气势明显胜出。他的出发点就是"稳住阵脚，创造双赢"。

2. 知彼知己，百战不殆：站在银行高管的立场，毕竟银行需要的是存款，只要有"现金流"进来，给大客户加倍利率获利，不会是太大的问题。

而王董有满手现金，一时也不知道要放到哪，银行此时为补偿客户损失给予双倍定存利率，不仅让客户的资金有个稳定安全且加倍获利的好去处，同时也让客户感受到银行的诚意，在心理上有更多的安慰踏实感。这是一种差异化的 VIP 尊荣，于是王董便欣然接受了 David 所提出的补偿方案。

3. 谈判常常是"价值不对等的交换"：这样的谈判结果，不仅客户得到了另类的补偿（具差异化、独特性的双倍定存利率），从银行的角度来看，不但不用赔偿客户投资损失的钱，又可获得一大笔定存资金，而且还维系了跟大客户王董的关系。双赢谈判，何乐而不为？

利益交换，各取所需

黑白两道卧底的生存谈判

2002 年上映的香港电影《无间道》，由影帝刘德华（饰演黑道卧底刘建明）和梁朝伟（饰演警方卧底陈永仁），分别诠释黑道及警方的卧底。这部电影最精彩的一段情节是：当一心想要恢复警察身份的陈永仁，惊觉原来刘建明就是那个警局的内鬼后，约他在天台上进行生死谈判。

刘："你们这些卧底真有意思，老喜欢约在天台见面。"（放低姿态，建立亲和的谈判态度）

陈："我不像你，我见得了光。"（姿态强硬、不友善的谈判态度加上一把顶住对方背后的枪）

陈："我要的东西呢？"（他卧底警察身份证明的档案，谈判的最重要目的）

刘："我要的东西，你也未必带来了。"（他与黑社会头子韩琛的录音对话）

陈："什么意思，你是上来晒太阳的吗？"（耐不住性子、随时准备引爆冲突）

刘："给我个机会。"（软出牌，身段放更低，渴望能谈判成

功，创造双赢）

陈："怎么给你机会?"（提问，以了解对方的想法）

刘："我以前没得选择，现在我想做一个好人。"（希望对方高抬贵手，放他一马）

陈："好！去跟法官说，看他给不给你做好人?"（没什么好谈的，你死定了，态度强硬且坚定）

刘："那就是要我死咯?"（再次提问，确认对方的想法，给彼此最后的谈判机会）

陈："对不起，我是警察！"（自古正邪不两立，你别再跟我废话了，去死吧！）

刘："谁知道?"（展开正面反击。搞清楚，拥有证明你警察身份机密档案谈判筹码的人，是我）

双方一时陷入僵局，可惜陈永仁最后被另一名黑道卧底的警察开枪打死在电梯中，这辈子再也不能谈判，直到死后才恢复身份，证明清白。亲爱的读者，换成你是陈永仁，一定要这样"黑白分明，立场坚定"吗?

谈判前，最好先反复问自己两个问题：

1.我要什么?（通过谈判要达成的"最重要目标"是什么?）

2. 我凭什么？（我能掌握的资源、信息、或手上的筹码有哪些？）

在这场无间道的天台谈判中：

1. 刘建明要的是：黑道卧底身份不被揭穿、继续当警察，永远做好人；而陈永仁要的是：警察卧底身份被公开、恢复当警察，重新做好人。

2. 刘建明手上的筹码是：陈永仁卧底警察身份证明的档案；陈永仁掌握的筹码是：刘建明与黑社会头子韩琛勾结的对话录音档案。

黑道卧底的刘建明显然很清楚他要什么？凭什么？而白道卧底的陈永仁一开始不止一次表明："恢复我身份就行了，我只想做一个普通人。"或"我想恢复身份。"但到最后却又坚持警察的立场，要将对方绳之以法……

谈判不替对方留退路，忘记自己最想要的是什么，最终的结局常让人感到遗憾。得饶人处且饶人，有时你真正放过的，其实是你自己。

谈判要好好想清楚，你到底想要什么？（What do you want?）但人们常忘记自己最初到底想要什么，而成为"歧路亡羊"，谈判到最后，失去最重要的目标或方向。

纵观《无间道》两位黑白卧底的主角，在天台上的 4 个谈判技巧：

1. 谈判前问自己：我和谈判对手这次要什么？凭什么？（黑道卧底刘德华——隐藏身份，警察卧底梁朝伟——恢复身份）知道彼此要什么非常重要，谈判切记：莫忘初衷！

2. 帮自己的"想要"排个优先级："铲奸除恶"或"恢复身份"？梁朝伟最后成了看不清局势、更忘记初衷的歧路亡羊！

3. 谈判的出牌：硬出牌或软出牌？刘建明软出牌："给我个机会，我以前没得选，现在想做好人。"陈永仁硬出牌："我不像你，我见得光！""好啊！去跟法官说呀！看他给不给你机会？""对不起，我是警察！"而刘建明用"谁知道"三个字反击，谈判破局。

4. 谈判要看清局势：后来赶到天台的刘建明部属（林家栋饰演），原来也是黑道卧底。站得高却看不清，最后陈永仁之死，只能说遗憾。

懂得如何去谈判，真的很重要。

知彼知己，将心比心！谈判未必"不是你死，就是我亡"，也许我们可以有更好的选择，您说是吗？

创造价值，寻求双赢

🔍 如何用旧机价格买新机

一位管理培训师曾在课堂上分享他之前购买最新型 Epson 投影机的谈判经验。老师有一次到新竹科学园某企业讲课，发现当天教室使用的投影机非常清晰好用，看了机上的标签，老师直接打去 Epson 公司询问机型。

业务经理 Alan 在电话中解释得非常清楚，并大力推荐该机型的进阶二代机，老师听完产品说明后，便说："我要一台二代机，但你得给我一代机的价格哦！"

Alan 连忙解释两者性能和价格的差异甚大，二代机增加的多功能性，以及较第一代缩小近 1/3 的体积，更时尚的流线外观，比老师今天在教室看到的机型"性价比"更高，绝对物超所值，是目前最受消费者欢迎的机型。

听完了 Epson 业务经理的一番解释，老师缓缓地回应："Alan，你说得很好，但我还是认为你应该用旧机型的价钱，卖给我新的产品。"

接着老师提了五点理由：

第一，我是自己看标签信息打电话进来的，你根本不用花时间和精力对我销售。

第二，我是专业讲师，带着投影机到处跑就是个活广告，所以广告费要折给我！（可在投影机贴上 Epson 业务联络方式的标签，我自己就是看这个打电话来买的）我是会到各大企业做教育内训的老师，如果我带着投影机到处讲课，就能为贵公司做免费的宣传，若有人询问这台投影机，我就请他跟你联络，这样我也算是你的"代理"，对吧？

第三，我可买可不买。你知道，大部分老师不会自己随身带投影机，主要是因为我对上课投影的质量比较要求。

第四，年底快到了，你应该需要业绩吧？我可以不用刷卡，直接付现。（用现金价值交换产品价格）

第五，如果你同意，我明天早上 9:00 在金融研训院上课、你可以 8:30 来教室找我。（谈判给期限）

第二天早上，老师如愿用旧机价格买到了一台新款的投影机，Epson 的业务经理 Alan 用一通不到 10 分钟的电话，就卖出一台新机。

这笔佣金"也许"少赚了些（只有业务员自己最清楚），但确定的是，Alan 卖了机器、赚了佣金，还多了一个为自己产品宣传转介绍的机会；而老师以一通电话，用旧机价格买到理想实用的新机，看来绝对是双赢局面无误。

策略布局，冲突管理

谈判是一种策略布局，包括如何出牌、攻防推挡、坚持或让步、成局或破局……甚至谈判是一种声东击西的障眼法，只为了拖延时间，让对手松懈以达成我方目标。谈判也是一种冲突管理，可依纵坐标及横坐标各三个，共六个指标，导出"面对冲突的五种态度模式图"（参考图 1-1）。

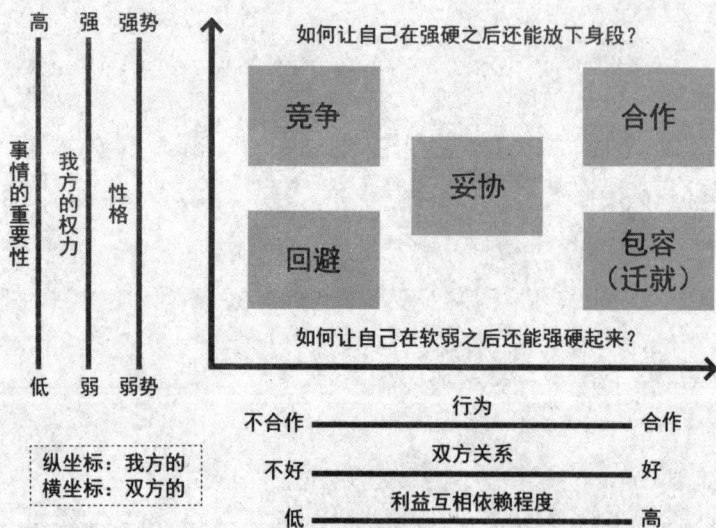

图 1-1 面对冲突的五种态度

纵坐标的三个指标是我方的：

· 这件事情对我方的重要性是高或低？

020

- 我方在这件事的主导权是强还是弱？
- 我的性格是强力主张维护自己的权益，还是将心比心，以和为贵，重视沟通与妥协？

横坐标的三个指标是双方的：

- 双方是否有较多的合作行为？还是各走各的，互不往来？
- 双方关系好不好？是友善还是敌对？
- 双方利益互相依赖的程度高还是低？谁的退路多？选择多？还是非对方不可？

依照纵横六指标，引导出我们面对冲突的五种态度，包括：**竞争、回避、妥协、合作、包容（迁就）。**

问自己两个问题：

- 如何让自己在强硬之后还能放下身段？
- 如何让自己在软弱之后还能强硬起来？

谈判中常讲到"黑白脸"的策略，软硬兼施、恩威并施不失为一种好的谈判策略。

2017 年 3 月 11 日，有报道指出，台湾化学纤维股份有限公司（以下简称"台化"，是台塑企业的分公司）彰化厂许可证遭彰化县政府撤销，行政诉愿成功，环保署诉愿审议委员会决议，撤销彰化县政府的行政处分，并另作适法之处分。台化副董洪福源表示，这样的诉愿结果可谓是迟来的正义，他将找公正单位精算，申请赔偿，这个数字肯定是天文数字。

而环保署官员回应直言："请台化先把诉愿决定书看清楚，他们也有违失的地方。"更痛批，"动不动就要用巨额赔偿恫吓，是典型的财大气粗"。

隔天新闻报道，台塑企业总裁王文渊发表声明释出善意，申请赔偿暂缓，指出"现在谈不适合"，未来将进一步和官方理性沟通，一切依法办理，盼望台化彰化厂争议能和平落幕，希望创造彰化县政府、环保署及台化三赢局面。（摘自《工商时报》）

标准的谈判黑白脸策略，通常是"下黑上白"。在这个事件中副董（部属）扮黑脸放风向球，发现政府官员极力反击，于是总裁隔天马上出来扮白脸、缓颊打圆场。这是标准的黑白脸谈判策略，一搭一唱、宛如演双簧，您学会了吗？

内部谈判（跨部门谈判）非常重要，有时甚至比外部谈判更加困难，因为双方在同一家公司、同一个阵营、同一艘船上（有没有同心同德就不好说了）。谈判最好要留余地，绝招不尽出，狠话要收敛，来日好相见。

📄🔍 金国如何用谈判拖垮宋朝

在电视剧《精忠岳飞》中，金国皇帝金太祖召集儿子们讨论灭宋大计。老大建议趁大金国南北大军会合，直接杀进北宋汴京（主战的鹰派）；老二则拿出北宋大奸臣秦桧的乞和信，说明可培养其为大金国在宋朝的内应，不愿继续争战杀戮，主张见好就收，拿了宋人乞和的金银珠宝就走人（主和的鸽派）；老四金兀术则认为，秦桧的乞和信说明北宋已是惊弓之鸟，围城必阙，打还是要打，和议也要谈，至于谈成或谈不成，就要看状况，大金国说了算。

金太祖最后采用了老四金兀术的建议，两手策略，双管齐下，谈判只是一种障眼法，用来拖延时间，或是安抚敌人。看似解决战争的冲突，实际仍以灭宋为主要目标。该策略让北宋君臣分裂为两派，一派主张全力抗金，另一派则主张割地赔款，确保和平，北宋终究亡于金人手中。

从这段金国攻宋的内部谈判，我们学到的是：

1. 谈判的议题有时未必是对手真正的目标，而是声东击西的一种手段，不可不察。

2. "抛砖"不一定"引玉"，"委曲"未必能"求全"，谈判要看清对手，认清你是谁。

3. 内部谈判很重要，老板要尽量让大家畅所欲言，最后自己做出决定，负成败之责。

4. 城池易攻，人心难测。学会谈判，首先要了解人性与人心。

5. 《孙子兵法》提到"围城必阙"，谈判时要切记，帮对手找一条回家的路，也要为自己留条退路。

"内忧外患"的应对策略

英国下议院 2019 年 1 月 15 日，以 432 票对 202 票否决了首相特蕾莎·梅的脱欧协议，惨输了 230 票，执政的保守党下议院议员 315 人，有 118 人跑票否决协议，这是英国政府近一个世纪以来遭遇的最严重挫败。

在野的工党随即提出不信任投票，特蕾莎·梅勉强过关保住首相位子。然而协议卡关，倒阁也不成，政府与议会既无共识，也拿不出可行的方法，英国脱欧之路进退两难。特蕾莎·梅的处境不只难堪，更是艰难。她若看过电影《最黑暗的时刻》，看看 1940 年的英国首相丘吉尔如何面对国家生死存亡的困境与内部谈判，也许会宽慰许多。没有最黑暗，只有更黑暗！

当时的谈判情境是：德军将 60 万英法大军困在敦刻尔克 (Dunkirk)，英国孤立无援，只剩下不足抗拒德军登陆侵略的海空军。刚上任的英国首相丘吉尔面临着两难的抉择，与纳粹德国的希特勒求和，或是率领英国力抗德国，奋战到底。

情势十分紧张，前首相张伯伦、外交大臣伍德所带领的全体内阁阁员，几乎一面倒地严厉要求丘吉尔，接受由意大利主动提出的调停，并与德国进行和平谈判。外交大臣甚至不惜以"立即辞职"当作谈判筹码，要求丘吉尔马上进行外交谈判，以确保英军不会全军覆没，英国本土不会被德军入侵甚至于占领。

丘吉尔在孤立无援的情况下，悻悻地说："这样看来，我们除了考虑和谈之外，没有别的选择了，如果希特勒的和谈条件是完全统治中欧，归还某些原属于德国的殖民地，而且同意英国保持独立，让我们走出目前的困境的话，我将感恩不尽。但是这样的条件，他绝对不可能同意！"

当外交大臣准备解释时，丘吉尔又接着说："不过，要是能知道德国人会提什么条件的话，那我会准备考虑一下他们的条件！"

首相的立场松动，言词软化，让主和的外交大臣表示感谢，并马上准备起草和平停战协议的备忘录。

结束了力抗全体内阁倒戈的难堪内部谈判，等在前面的，是更严峻的英德停战谈判。丘吉尔以内部谈判的让步，接受和谈，安抚内阁，暂缓敌军的炮火。

事实上，如同前面大金国侵宋的案例，谈判只是障眼法的缓兵之计，丘吉尔急令征调国内所有大小船只，准备进行日后历史上有名的"敦刻尔克大撤退"。

二、何时"需要"谈判（When）

自己的权利自己争，自己的荷包自己省。

何时需要谈判？简单来说，当谈判双方之间出现无法单凭自己能力就可以打开的僵局，为了争取利益、化解冲突、解决问题或维系关系时，就需要坐下来好好谈谈。

何时谈判呢？谈判的时间点，最好在自己状态良好、战力充足之时，对手身心疲惫、坐困愁城、主动求和之际，并在我方握有一定谈判筹码时去谈，胜算较大。

🔍 被并购后如何争取最大利益

某外商公司被并购，员工进行留任薪资谈判，总经理 Amy 为了替同人争取较优的条件，她跟 Joe 说："据我所知，你是新公司最想要的人才，为了并购的最大利益，他们一定会全力留你。为了你的自身权益，我建议你在谈薪资条件时，可以大胆地提出你心中最理想的条件（开高价），并要多一些坚持和笃定（硬出牌），他们必然会慎重考虑，做出最有利于你的决定。我真心希望你能得到你想要的，在新公司有更好的未来与发展。"

Amy 一直是非常亲民、照顾下属的好长官，Joe 欣然接受她的忠告，并表达感谢与不舍，最后果然如 Amy 所说，Joe 拿到了一个非常好的留任条件。

Amy 没有跟 Joe 明说的是，她希望借由 Joe 提出较优条件并坚持立场，可以同时提高其他同人的留任条件。最终，她帮助了大家，在并购后的新公司得到更好的薪资待遇。

从谈判的角度来看，Amy 掌握了重要的谈判信息（Joe 是新公司最想要的人才），并且创造了较高的谈判标准（建议 Joe 可以把条件拉高些，并多些坚持），最终创造了谈判的双赢：不仅新公司留住既有的优秀人才，持续稳定发展，更帮助长期以来一直支持她的伙伴们，以较优的条件在新公司继续打拼奋斗下去。

三、在哪个"场地"或"情境"下谈判
（Where）

📑 五星级酒店的假日住宿优惠谈判

　　某次我受邀去花莲第一信用合作社讲周六和周日两个整天的课，必须在花莲连住周五和周六两晚。主办单位给我一个晚上的住宿费是 2 500 元，两个晚上共 5 000 元的住宿预算，并建议我可以住在跟公司签约的花莲蓝天丽池酒店，这里我之前曾住过，是一家性价比挺高的饭店。

　　正打算去订房时，我忽然想起朋友曾推荐花莲某家五星级酒店的住宿及早餐值得一试，不过预算肯定不够，多出的部分必须自付。但我想，不试试怎么知道会不会有奇迹或好运发生呢？于是我直接打去该五星级酒店询问。

　　"您好，这里是花莲×品酒店，很高兴为您服务。"

　　"你好，我是一位专业讲师，我姓郑。我想预订 9 月 30 日和

10月1日两个晚上的单人房，请问还有房间吗？房价是多少？"

"郑先生您好，帮您查了我们那两天还有房间，单人房每晚定价9 000元，优惠价6 200元。"

"你好，我是一位专业讲师，我这两天应邀来帮花莲第一信用合作社的全体同人上两天课。贵酒店在花莲是有名的五星级酒店，我花莲的朋友一直推荐我一定要来住这里，但是课程主办单位给我的预算上限是每晚2 500元，不知道有没有机会可以住进来呢？"

"郑先生不好意思，我们是五星级酒店，6 200元已经非常优惠了，何况您住的这两天都算假日，房价比平日还要高些哦！"

亲爱的读者，换成是你，是接受6 200元一晚的优惠价住进去，还是改拨主办单位特约酒店的订房电话？或是再谈谈看呢？

"哈！我知道这两天是假日，而花一信同人们也只有假日才能全员到齐上课。因为我实在很想听我朋友的推荐，住到贵酒店，而超出预算的话，我也不太可能为了住五星级酒店而加价自费。这样子好了，如果您可以帮我争取的话，我跟您保证，这两天上课，我一定会跟所有花一信的伙伴们说，我这两天住的是非常赞的×品酒店！您看这样好吗？（我的谈判筹码：提高谈判的效益）

不过如果真不行的话也不勉强，我就去住主办单位签约的蓝天丽池酒店了，其实上次住过，感觉也还蛮好的啦！"（暗示对方：我有退路，而且是蛮好的退路。）

"郑先生，如果是这样的话，那请您给我一些时间，我要跟主管报告，晚点再跟您联络哦！"

大约30分钟后，我得到了一份以"员工认养价"为计算标准的订房确认书，两晚的雅致双人房，第一晚房价2 100元，第二晚房价2 900元，两晚共5 000元，刚好是我的住房预算上限。

当时内心的想法是：早知道就报价再低一些。这就是得寸进尺的人性。经由10分钟的短暂谈判，我终于住进了期待已久的五星级酒店。

在这两天的课程里，我自然得履行承诺，跟花一信两班上课的伙伴们分享我的住房心得。从谈判的角度来看，我得到我想要的五星级酒店两晚的享受，同时也实现了承诺，对酒店而言，获得了一次对一百多位准客户的免费宣传，这是一个双赢谈判的结果。

善意提醒：如果您不是真要来讲课的话，建议最好别用这一招去谈判哦！这个谈判案例跟前面提到的 Epson 投影机的杀价谈判，是不是有异曲同工之妙呢?

　　然而这一招并不是每次都有效的。在第三篇谈判五大元素的"议题"部分，我就会跟您分享我在礁溪五星级饭店杀价"踢到铁板"的案例。

四、谁要"来"谈判（Who）

📄 如何应对因意外事故"不予理赔"

几年前我在用餐时不慎咬裂一颗牙齿，申请保险理赔，S 保险公司经过"再三考证，审慎评估"，三个月后寄给我一张"理赔审核通知书"，上面的回复是：

"台端申请理赔给付，业经本公司受理审核，兹因下列原因，本次理赔申请歉难给付：

本事故非条款约定之意外伤害事故，歉难给付。

承蒙台端投保本公司保险，谨致谢忱。

台端申请理赔给付，业经本公司受理审核如下：

本次申请，意外伤害实支实付检附牙科 X 光片，依条款约定意外为非由疾病引起之外来突发事故，牙齿本身疾病造成咀嚼断裂，非为外来突发事故造成，故歉难给付！"

说了那么多，结论是：保险公司一毛都不打算理赔给我！

而我的解读是："郑先生，其实牙齿不好就别逞强，没事别吃糖醋排骨这类食物，吃粥不就没事吗？咬断牙齿是您个人咎由自取，怨不得别人，更别怪我们不理赔，毕竟这完全是你本身牙齿先天不良的问题，怎能算是意外伤害呢？想要保险公司理赔，歉难给付。(门儿都没有！)"

拥有"人身保险经纪人"考试证照的我，非常了解意外保险的"三大理赔要素"是：

1. 外来的；

2. 突发的；

3. 非因疾病造成的。

虽然我的牙齿不像电视上牙膏广告的明星那么洁白整齐又健康，但我应该有吃糖醋排骨的权利吧！"歉难给付"这四个大字，狠狠地踩到我的底线。

是可忍，孰不可忍。身为金融保险业的专业讲师，在过去这十几年，我卖过保险，当过保险业务主管，训练过上万人次的保险业务员、银行理财专员及银行保险电话营销人员，教授保险专业知识及谈判、沟通、服务、销售等课程。撇开我是一位"吃饭时不慎咬断牙齿，忍受着身体上的疼痛残缺，来请求保险公司理赔以补偿身心受伤的被保险人"不说，保险公司一块钱都不理赔的消息要是传出去，今后我要如何在"江湖"上立足呢？有所争，有所不争！于是拨通了"还我公道"的电话给保险公司理赔部的承办人员。

恰好，承办人今天休假，她主管接的电话。以下是我们的理赔谈判对话：

"陈科长您好，我在金融保险业服务十几年了，帮客户处理过很多的理赔案件。我自己销售保险，在国泰人寿当过业务主管，目前是某大金控公司的训练讲师，专门教导保险公司的业务员和银行理财顾问如何卖保险，并做好保户服务，同时也是国家考试及格的人身保险经纪人。其实我非常了解你们理赔人员的工作繁重，压力很大，真是辛苦您了！"

电话的另一端沉默了5秒钟，"郑先生，非常谢谢您的谅解，我们只是希望能提供给保户最好的理赔服务。"

"科长能有这样的理念，实在是客户的福气。在这想跟您请教我之前牙齿断裂的理赔申请一事，贵单位理赔人员发给我的理赔审核通知书中明确指出：'意外'为非由疾病引起之外来突发事故，这部分我很清楚，但她认为我是因为牙齿本身疾病才造成咀嚼断裂，并非为外来突发事故造成，故歉难给付，这一点我真的很难接受！我承认我的牙齿没那么健康，但都有认真看牙医做治疗。今天因为吃东西不慎咬断牙齿，向贵公司申请'实支实付的意外门诊保险金'，得到的却是'歉难给付'四个大字！科长，如果换作是您的牙齿不小心咬断，而保险公司一块钱都不愿意理赔，表示'歉难给付'，并直接退回您的申请书，请问您能接受吗？"

科长沉默不语。

"何况我想保单条款上应该没注明牙齿不好的保户，禁止食用糖醋排骨吧？其实我今天打这通电话，并不是要为难你们的理赔人员，只是想努力争取自己应有的保险权利，希望您能理解。"

我的心情很激动，但语气却非常平和友善，保持对理赔人员的基本尊重。

电话的另一端这次沉默更久，大约过了8秒钟，陈科长也很客气地说："郑先生，我会再跟承办同事讨论，尽快回复您的问题，谢谢您的来电。"10分钟的电话，很快地在一片祥和中结束了！

坦白说，在打这通电话之前，我的想法是：要让保险公司将治疗断裂牙齿的1万元医疗费用全部买单理赔，恐怕有困难；但是一毛都不赔，绝对无法接受。我想，至少要理赔5 000元吧？最起码3 000元是勉强能接受的底线。

任何谈判前，都要先想清楚自己究竟要什么？为何而战？在这个牙齿断裂的理赔案件中，对我而言，保险专业讲师的尊严最重要，3 000 元或 5 000 元则只是衡量尊严的价值罢了。

约莫两个月之后，我又收到了一份保险公司寄来的"理赔审核通知书"，上面写道：

"贵保户申请之保险金，已由本公司依约核付如下，意外门诊保险金 1 万元整，敬请查收。谨祝健康平安。"

1 万元的牙齿断裂医疗金，获得保险公司的全额理赔，有点出乎意料。这"10 分钟赔 1 万"的理赔谈判案例，带给我的启示如下：

1.站在对方立场思考：很多人争取理赔金额时，都会带着满腔怒火，以为比哪方声音大就可以让保险公司就范，殊不知理赔人员面对这样的态度早就见怪不怪了。我在电话中不但语气平静和缓，且非常能理解对方的辛苦和难处，并表示慰问，建立了与众不同的亲和感，让我们的沟通谈判有了好的开始。

2.展现自己的诚意与专业：开宗明义地在电话里表明我的保险专业背景与能力，不仅拥有专业证照，从事保险业务出身，目前更是专门训练保险销售人员的专业讲师。更重要的是，我并不是要以专业能力来跟对方较量抗衡，我只是用实力来证明自己的要求绝非无的放矢找麻烦，希望彼此多些理解与尊重，知彼知己，以退为进。

3. **准备替代方案**：我告诉自己，理赔 5 000 元不为过，3 000元则是底线，不求全赔，但得更多。换个角度想，如果我从头到尾都坚持保险公司必须全额理赔的话，其实未必能得到最好的结果。

4. **坚持底线**：我心中的底线是，意外门诊保险金至少要理赔 3 000 元，这让我在谈判时能义正词严，有目标的谈判，会带来更多的信心。虽然最后是全额理赔，不用为底线再多做努力，但坚持底线的信念和态度，绝对是谈判时需要切实遵守的基本原则。

5. **直接与 Keyman（关键人）谈判**：由于承办人员刚好休假，反而让我有机会能直接跟有决定权的理赔主管谈判，更省时且更有影响力，谈判最好找到 Keyman，有时候也需要一点"小幸运"。

如何应对"咬文嚼字"的保险公司

客户是一位 30 岁左右的新手妈妈张小姐，因生产过程导致下背部韧带扭伤，疼痛难忍，进而寻求某中医"物理治疗所"的复健治疗。

她全家三代不仅都是某大保险公司的忠实客户，而且是大户，全家人年缴保费合计数百万元。但当她拿着 1.15 万元的医疗费收据来申请意外险医疗理赔时，保险公司的回复却是：因保户所附医疗单据为"物理治疗所"，而非保单条款上约定的"医院"或"诊所"，因此无法核赔！

被保险人不能接受多年来所缴的高额保费，竟然在生产意外受伤的事件中，得不到保险公司一丁点的金钱理赔。经过多方搜集相关资料，请教查证，提出三个强而有力的谈判观点，支撑其要求理赔的论点：

1. 法规有明文规定："定型化契约条款如有疑义时，应为有利于消费者之解释。"

2. 另有法规规定："保险契约之解释，应探求契约当事人之真意，不得拘泥于所用之文字；如有疑义时，以作有利于被保险人之解释为原则。"本理赔件中，保险公司所持"物理治疗所"并非保单条款上约定的"医院"或"诊所"之理由，以致损及被保险人的保险利益，确实有待商榷。

3. 张小姐拿出两份地方法院的判决书，其判决内容均认定，张小姐在"物理治疗所"进行治疗的费用，保险公司应予给付。

最终，保险公司理赔了 2 800 元。虽然距离保户实际支出的 1.15 万元相差了 8 700 元，但从"无法理赔"的 0 元到理赔近 3 000 元，对张小姐来说，这证明了自己应该受到尊重，努力争取的付出有了回报。于是她便欣然接受这由无到有的理赔金，不再与保险公司争执。

📄🔍 利用仲裁机构争取保金

咪咪长了九厘米的子宫肌瘤，入院接受手术摘除。准备出院当天伤口有一点化脓，医师评估只须再多住一天观察，但咪咪想多住几天，以确保不出任何差错，所以咪咪一直要求医生延长住院天数。

出院后，咪咪向保险公司申请住院理赔金，没想到保险公司只愿意理赔四天住院保险金，咪咪不能接受住院八天保险公司却只理赔四天的结果，多次向保险公司申诉，仍得不到满意的答复，所以找金融消费评议中心协助处理。

评议中心的医疗鉴定团队，根据咪咪的诊断证明书、病历和护理纪录数据，评估她的伤病状况、实际诊疗过程和复原状况等，认为咪咪术后伤口化脓延长住院时间，并非全无住院必要性。在评议中心调处下，保险公司愿就伤口化脓处理部分，多给付一天（共五天）的住院保险金，双方达成共识和解。

不求全拿，但得更多。这就是谈判！

五、为何要"学"谈判（Why）

对方为什么不跟我们谈？因为不谈没什么损失（成本不高），谈了没什么好处（效益不大）。

对方为何要跟我谈？

- 因为谈比不谈好（可欲性）。对方肯定是衡量成本与收益之后，再决定要不要谈判。

- 因为我们是谈得通的（可行性）。

《孙子兵法》说："合于利而动，不合于利而止！"因此，如果我们要想争取到更多利益，就要学谈判。

我常跟来上谈判课的伙伴们说："如果你想要'一谈就成，大获全胜'，很抱歉，我恐怕没办法满足你的需求。但如果你愿意跟我一起努力学习的话，那我可以协助你'不求全拿，但得更多。'"

1. 不求全拿：对方不是笨蛋（原则上不是），他会知道你是有诚意来谈，还是来压榨剥削占他便宜的。给彼此一条回家的路，这不只是谈判，也是做人，赢一点，让一点，来日好见面。

2. 但得更多：通过有效沟通、同理倾听、知彼知己，也许你会发现，原来对方最想要的，跟我最想要的，并不是同一个东西。想要的优先级不一样，就有套利得利的空间。

譬如说，小美和小丽要分三个橘子，不知情的公平分法，是剥开其中一个橘子，各得一个半。但如果知道小美喜欢吃橘子果肉，小丽则是想要用橘子皮做橘子蛋糕，分法是否会有所不同？最后小美得到三颗完整的橘子果肉，而小丽也得到三块橘子皮，两全其美，通过谈判得更多。这个例子告诉我们：谈判的信息搜集非常重要，知道越多得越多。

什么是双赢？华人界的谈判大师，东吴政治系刘必荣教授说过，谈判就是"**口头上双赢，表面上你赢，骨子里我赢**"。

双赢谈判：要让对方觉得他赢，谈判桌上只有一个笨蛋（那就是"我"）。

谈判五大结果"赢、和、输、破、拖"的意思是：

1. 赢：完全照我的，大部分听我的意思达成协议，目前具有比对手更强大的谈判实力、谈判资源或谈判气势。

2. 和：双方各让一步，以期后续有合作的机会，甚至建立长期的伙伴关系。

3.**输**：完全照对方的，大部分听对方的意思达成协议，目前实在没有本钱破局，只好委曲求全，忍一时气；或是为了日后更大的利益着想，放长线钓大鱼。

4.**破**：谈判破局，这次不满意，下次再谈。派黑脸上场，挫挫对方锐气。谈判没规定不能破局，不是非一次谈成不可。"破局"是一种选项，"没有谈成"也是一种讯号或警告。有时为了引对方幕后有决策权的大老板出来而刻意破局。

5.**拖**：拖延时间，小题大做，让律师、会计师或其他专家出来纠缠拖时间。

从另一个角度拆解来看谈判的"赢"这个字：

亡：随时保有危机感，全力以赴地准备谈判。

口：良好的沟通技巧加上言之有物、打动人心的谈判说服力。

月：谈判的时间压力在谁身上？

贝：谈判的资源，谁的实力大？谁的退路多？谁有求于谁？

凡：无论成败输赢，接受谈判结果的平常心，日子还是要继续过下去。

有学员问我："到底什么是双赢呢？"

我的定义是："双方谈判完签约后，回家去，有人感到亏很多，让太多，心情不好失眠；也有人觉得赚很多，喜出望外，辗转难眠，这都不叫双赢。"

"谈完回去大家都睡得着觉，那就是双赢。"

📄🔍 300 堂高尔夫教练课的退课风波

向来备受尊敬的高尔夫教练宝哥，之前遇到了一位望子成龙的父亲，计划将 14 岁的儿子送去美国读书。在考虑申请美国学校需要有特殊技能的重要性之后，想让儿子学习在美国十分盛行的高尔夫运动，希望短时间内能将儿子打造成一位高尔夫好手，以申请较理想的学校就读。

两人相谈甚欢，勾勒出高尔夫年轻好手留学美国的蓝图，一共要上密集的 330 堂（小时）一对一教练式课程，而高尔夫教练行情通常为每小时 1 000 新台币至 2 000 新台币（约为 230 元至 460 元）。

不经一番寒彻骨，怎得梅花扑鼻香！一旦确定了留美计划，"Just do it"。这位父亲很快地就把 330 堂课的十几万元学费一次汇给宝哥，展现其魄力、财力与决心。然而出乎意外的是，才刚上完 30 堂课，父亲便喊卡，说儿子不去美国了，要改送去加拿大。

重点是，他不再学高尔夫球了。剩下的 300 堂课已缴费用，希望宝哥能一次返还。

亲爱的读者，如果换成是你，身为教练，十几万元的预缴学费，你会无条件地全部奉还吗？

大多数学员在被问到这个问题时，都说："不可能！"换言之，这位父亲的要求，大多数人是不能接受的，甚至大声回击："是你自己放弃上课的权利，有什么理由要教练退钱呢？"

也有人觉得退钱可以，但绝不会是全退，那么要退多少才合理呢？退一半、退 1/3、退 1/4 都有人提议。我想问的是，听来都有道理，但是凭什么？

宝哥最后提出了几个弹性的折中办法：

1. 300 堂高尔夫教练课可以为客户的儿子保留，以后想学能学再来学。（时间弹性）

2. 客户可以将 300 堂课转卖或转赠其他人来学。（学员弹性）

3. 退还 1/2 的学费。

一人一半看似公平，但如同我前面所问："凭什么？"有法律、命令、前例或判例规定吗？有找过教练学打高尔夫球的人，绝大多数是口头承诺，没签什么学习契约，顶多有留下通信软件的文字对话。

然而法规中的契约以"双方意思表示一致"即可成立，简单来说，不需要签订书面协议，只须口头达成协议，买卖契约即成立，因此宝哥和该学员的学习契约是成立生效的。重点是：若学员才学30堂课就要解约退费，有没有什么规定可参考呢？

《台北市短期补习班管理规则》第33条规定，补习班学生缴纳费用后离班者，补习班应依下列规定办理退费：学生于实际开课日期起第二日（或次）上课后且未逾全期（或总课程时数）三分之一期间内提出退费申请，补习班应退还约定缴纳费用百分之五十。

纵使如此说明，但这位望子成龙的爸爸还是不买单，宝哥的三个建议一概不接受，只坚持剩下300堂课的费用要全额退还，若是不依，扬言调解委员会见。

宝哥问我的想法，我说："不如请对方直接提出告诉，我们法院见！"

调解前一天，宝哥打电话邀我隔天下午一起去新店调解委员会，可惜我有课要上，无法陪同。我只问宝哥一个关键问题："你到底想要什么？"

他回答我："我认为一人一半最公平。"

我说："好！那就朝这个方向努力。"

我们在电话中推演了约一个半小时，从最硬的立场"坚持不退一毛钱""课程可以转移给他人""300堂课可保留，不限时间"，到最后"已缴学费退还一半的坚守底线"。

第二天晚上，宝哥跟我说："今天一到调解委员会现场，对方在律师陪同下的第一句话就是：'好吧！教练，你退我一半金额，再加7000元就好。'宝哥欣然允诺，调解迅速完成。"

怎么会这样呢？这客户是乱来吗？那我们昨天的谈判推演算什么呢？哈！就当作是一次谈判演练吧！在谈判中，有时对方一次让到位，可能是一种善意、一种觉悟，也可能是一种谈判策略！

举例来说，1954年适逢朝鲜战争，中国和美国为了释俘问题，在日内瓦举行大使级谈判。总理周恩来以退为进，主动宣布释放11名美国间谍，以要求美方能做出同等的让步与妥协。这种一步让到位的谈判策略，不仅先发制人，创造良好的谈判气氛，更要命的是，此举让美国谈判代表一时不知如何应对，在国内进行的所有谈判推演，瞬间被对手推倒翻盘，一切得重新来过。

无论国际释俘谈判，或是日常生活中买卖解约的议价谈判，都不免要沙盘推演、策略布局、让步妥协、分析彼此利害得失，以利诱之、以害阻之，寻求双方利益均衡，创造双赢的契机。

无论如何，**谈判无所不在，不求全拿，但得更多。** 买卖房子亦是如此。通常买卖双方都不会太满意最后的成交价，销售谈判的过程中，卖方总觉得"我的房子不止这个价"，而买方则认为"这间房子不值这个价"。

一个案子的成交，总是在双方不尽满意但可以接受的情况下完成，大部分的结果是：卖方拿到现金，买方完成梦想，各取所需，创造双赢。

六、如何"学"谈判（How）

学习谈判有几种方式：

• 上谈判课程；

• 听谈判讲座；

• 看谈判书籍；

• 做谈判演练；

• 亲上谈判桌。

心理学大师阿德勒有一句名言："**人类的烦恼，全都是人际关系的烦恼。**"的确，有人的地方就有利益纠葛、意见争执和冲突对立。通常解决冲突的三个途径包括：

1. 力（Power）：威吓、暴力相向、走上街头、示威抗争、攻进立法院，甚至于发动战争。

2．**理（Right）**：申请仲裁或调解，提起诉讼，上法院一决高下。

3．**利（Interest）**：双方坐下来谈判，看看有没有协调和解的机会。

基于"人是理性的"的前提，我们会优先选择成本较小的事来做。以上三者的成本比较，通常是：力＞理＞利，谈判的成本通常较小，所以谈判比不谈更好。有时选择前两者，是因为对方不跟我谈，只好"以力逼谈""以理逼谈"。

在这三个途径之外，其实还有一个字，那就是"情"，但往往"情"字这条路最难走。

🔍 拒谈的悲剧

2018 年 10 月，有一则震惊社会的新闻报道，一对医生夫妻结婚一年多，互控家暴，太太要离婚，但丈夫坚决不肯，双方的离婚谈判未能达成共识。妻子担心到时法院离婚判决，法官会将小孩的监护权判给经济状况较好的丈夫，她因为害怕失去儿子，争吵后竟失控泼油纵火烧夫。

结果不仅丈夫全身有 40% 二度烧烫伤，连 8 个月大的孩子也遭受池鱼之殃，手臂起水泡。最后妻子被依杀人未遂以及公共危险罪，移送台北地检署侦办。

清官难断家务事，可惜的是，这位想离婚的妻子，既不守法律，更不懂谈判，用这样的手段，只能说遗憾。

📑 关系破裂后也能实现和平共处

好莱坞巨星夫妻档布拉德·皮特（Brad Pitt）和安吉丽娜·朱莉（Angelina Jolie）的离婚官司打了两年多，在这段时间几度势同水火，迟迟搞不定离婚的条件。

近日法庭宣判两人得以恢复单身身份，实质上已经离异后，彼此间的死结像是突然打开，早先的紧张关系暂时解除。法官裁定，两人在法律上已结束婚姻关系，但后续仍须对离婚细节进行谈判，谈判的两大议题为经济分配和六个子女的监护权。

目前双方都回归自由身，彼此的联结也就只剩下小孩了。两人其实都是爱孩子的爸妈，所以试图合作让孩子们能在"不用选边站"的气氛中成长，近来已经很少冲突，互动越来越祥和。

结婚要"沟通",离婚靠"谈判"。"沟通"是为了勾勒未来,通知大家;"谈判"则是要利益交换,各取所需。

📝 离婚谈判的双赢典范

亚马逊执行长贝佐斯(Bezos)与妻子麦肯琪(MacKenzie)达成离婚协议,贝佐斯将保有亚马逊的控制权,消除亚马逊股权结构可能改变的疑虑。麦肯琪通过推特(Twitter)表示,她将放弃75%与贝佐斯共同持有的亚马逊股权和所有投票权。

待两人完成离婚手续,麦肯琪将获得亚马逊4%的股权,约价值360亿美元。麦肯琪将成为全球第四大"富婆",而贝佐斯的亚马逊股权将由16.1%降至12%,约价值1 080亿美元,依然稳坐全球首富。也许他们的婚姻不是夫妻相处的标杆,但他们的离婚绝对是双赢谈判的典范!

在两人的想法跟性格可能南辕北辙,但他们还是决定继续做朋友,因为他们俩有共同的谈判利益,那就是未来要共同抚养的四个孩子。就如同前面所提好莱坞巨星夫妻档为了六个孩子和平共处一样。婚姻没什么对错,只是一种选择。

谈判就是交换(trade),双方谈判后分别获得:

麦肯琪：成为全球第四大富婆＋重获自由＋海阔天空的新人生＋保护四个孩子＋"不出恶言，没有恶斗"的好名声。

贝佐斯：追求真爱＋继续保有亚马逊的控制权＋依然稳坐全球首富＋保有四个孩子＋"不出恶言，没有恶斗"的好结果。

麦肯琪在推特写道："我放弃亚马逊股票的投票权以及《华盛顿邮报》与"蓝色起源"的股权，以支持贝佐斯继续对这些了不起的公司和团队做贡献。"她也表示，"对自己的计划感到兴奋。感激过去，也期待未来。"

世界首富的前妻离婚谈判心法：

六根清净方为道：不管前夫和小三如何爱得火热，都已与我无关了，阿弥陀佛！

退后原来是向前：拿到 360 亿美元，重启世界第四大富婆的新人生比较实在，何况我今年还不到 50 岁呢！

贝佐斯在自己的推特写道："感谢麦肯琪的支持和善意，非常期待两人作为朋友和共同父母的新关系。"

离婚谈判，真不简单；人生苦短，好聚好散；各取所需，双赢谈判！贝佐斯夫妻成为离婚谈判的经典案例、无论金额或方式，前无古人，后恐怕也无来者。

📑🔍 隐忍的自我谈判

香港华语天后郑秀文和歌手丈夫许志安的"老公出轨事件"，曾吵得沸沸扬扬，满城风雨。一堆所谓专家和关系人的"局外人"纷纷发言评论，皇帝不急，旁边的太监却拼命说话博版面，令人喷饭！

最终郑秀文未选择开记者会宣布离婚（Power），或提出法律诉讼控告对方（Right），而是在自己跟自己对话谈判，或是与丈夫进行内部谈判之后，选择接受与原谅。并引用《圣经》内容表露当时的心情与做法："Love never gives up, never loses faith, is always hopeful, and endures through every circumstance."（凡事包容、凡事相信、凡事盼望、凡事忍耐。）

人生和谈判一样，常常是一种选择和决定。

📑🔍 选择谈判的意外之财

一位学员传了一则信息给我：

立德老师你好，我是麻豆农会的员工，只是要跟你说声"谢谢"。因为之前上了你的谈判课，让我知道，"谈"还是对的。事情是这样子的，我的车子停放在农会停车场内，因为道路施工铺柏油，柏油污黑的微粒随风飘扬，让我的车子全身都沾满了柏油。

我气急败坏地直接向施工人员反映这个情况，对方居然跟我说："这是没办法的事，谁叫你刚好停在那里呢！"接着两手一摊，要我自己处理。要是发生在以前，我应该拍拍屁股就走人，自认倒霉。

但前天才刚上过您3个小时的谈判技巧课程，因为您的"谆谆教诲"，让我觉得不能这样就算了，我应该为自己的权益做些努力，于是打了通民众服务专线的电话，找到谈判资源，增强谈判实力，因此我得到了一份"洗车费"作为补偿。谢谢你，这样也代表我认真听了你精彩有趣的谈判课哦！

亲爱的读者，换成是你，遇到类似这位伙伴的状况，你会像以前的她一样自认倒霉算了，还是会跟她这次一样勇敢地打电话，要求政府给个合理的交代或补偿呢？每次讲到这个故事，我都要问问学员的反应和做法，答案是：一种米养百种人，无论认赔离开或据理力争，其实都只是一种选择。

我后来想了想，应该是在课堂上，我所灌输的谈判理念、分享的谈判技巧，让学员改变了原来的想法、观念及做法。这位学员之前也许是息事宁人的性格，但既然立德老师说："谈总比不谈好，不求全拿，但得更多。"何不试试，最差的结果顶多就是拍拍屁股走人。然而试试的结果，就是获得了免费洗车的赔偿。何乐而不为？

七、谈判的诗意与意境

唐·王之涣《登鹳雀楼》中有：

欲穷千里目，更上一层楼。

若是想把远在千里外的风景一次看个够，那就必须登上更高
层的城楼。

****

唐·杜甫《旅夜书怀》中有：

星垂平野阔，月涌大江流。

星星垂在天边，平野显得宽阔，这是代表见"高"；月光随
波涌动，大江滚滚东流，这是代表见"远"。

谈判要学会看高、看远，看清局势。

****

宋·苏轼《题西林壁》：

横看成岭侧成峰，远近高低各不同。

不识庐山真面目，只缘身在此山中。

从庐山的正面来看，是横亘的山岭；从它的侧面看来，则是耸立的高峰。山的远近高低，随着所看的位置而有所不同。我看不出庐山真实的完整原貌，只因为自己是站在庐山当中。

苏东坡这首诗告诉我们"二不二要"的谈判艺境：

不妄自菲薄，不当局者迷；

要换位思考，要综观全局！

谈判若要把整个局看得更远更清楚，就得提升自己的高度、眼界与境界。所谓当局者迷，旁观者清，谈判时，常常只看到我依赖他的部分，而没看到他依赖我的部分。（谈判的盲点）

谈判是一个"局"，把自己的位置拉高，让自己看得更远更广。谁能看清看透这个局，谁的胜算就高一些。

千万不要自以为是，认为己方实力强，资源丰富，而藐视轻忽谈判对手。勿忘龟兔赛跑的寓言故事，最后笑着离开的，是不被看好却步步为营的乌龟。

但也无须妄自菲薄，长他人之气，灭自己威风。只要对方愿意谈，就表示我一定有他想要的东西，纵使实力悬殊，只要会谈能谈，掌握优势或先机，搜集有帮助的信息，借力使力，发挥长处，则谈判桌上自然有我们的一席之地。

****

唐·杜甫《梦李白》中有：
水深波浪阔，无使蛟龙得。

水深浪阔，旅途请多加小心，不要失足落入蛟龙的嘴里。

****

唐·刘禹锡《望洞庭》中有：
湖光秋月两相和，潭面无风镜未磨。

风静浪息，月光和水色交融在一起，湖面就像不用磨拭的铜镜一般，平滑光亮。

谈判的过程，有时风平浪静一片和气，有时波涛汹涌，暗藏危机。就如同水能载舟亦能覆舟，如何利用谈判使双方的利益最大化，各取所需，创造双赢，彼此都找到一条回家的路，是所有谈判代表的重要课题。

第二篇

双赢谈判轮，你得多少分

一、从"人生幸福轮"到"双赢谈判轮"

人生幸福轮

　　身为企业培训师，无论讲什么主题，我总会在课程一开始，跟伙伴们分享"人生幸福轮"（见图 2-1）。

　　我们每天这么辛苦认真地上班、打拼、学习，不都是为了"幸福"这两个字吗？拿出纸来，画一个大圆，再用四条线均分该圆为平均大小八等分，帮自己评分。

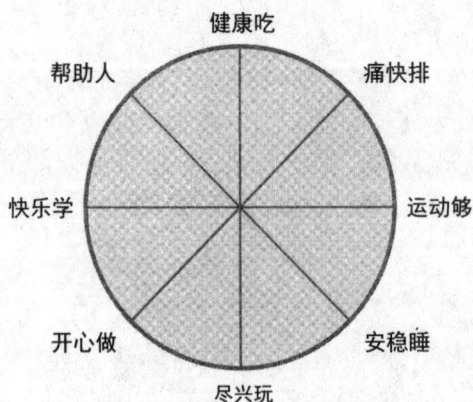

图 2-1　人生幸福轮

首先问自己，你有"健康吃"吗？圆心是 0 分，圆周是 10 分。一位学员跟我说，他给自己打 8 分。这很不容易，请他上台分享时，他说目前每周只吃两次麻辣锅，我惊恐地请教他："你这叫作'健康吃'吗？"他说他以前天天吃麻辣锅，吃到胃出血，现在每周只吃两次，比以前好多了。也对，因为"人生幸福轮"是跟自己比，不是跟左邻右舍比。切记！

　　接着是"痛快排"，根据我的授课经验，银行理财顾问业绩越好，去厕所的次数越少，因为要把握跟客户联系的分分秒秒，很多顶级销售把赚来的钱拿去买健胃整肠的药！痛快排，真的很重要。

　　"运动够"：讲师要以身作则，我戴运动手表，设定自己每天至少要走 8 000 步。

　　"安稳睡"：据统计，台湾 2 300 多万人中，有 600 多万人有睡眠不好的问题，甚至有 40 多万人睡觉到半夜，呼吸会暂时中止。所以如果能一觉到天亮，也是一种幸福对吧？

　　"尽兴玩"：曾有学员说，他前面四个分数都很低，但第五个分数特别高，这说明了他正在好好享受剩下不多的人生，对。可能惨的是，你连第五个都没有！

　　"开心做"：活在当下，乐在工作。

　　"快乐学"：开心学习，效果加倍。

　　"帮助人"：助人为快乐之本。

将在线的八个点连起来，这就是你的"人生幸福轮"。如果它又大又圆，代表你可以跑得又远又快。

我多年来使用的经验，发现越是有钱的学员或听众，对"人生幸福轮"越有兴趣，写得越起劲、越认真。我想可能是因为他们很害怕自己穷得只剩下钱。所以要看看台上这位讲师葫芦里卖的是什么药，最终"人生幸福轮"总能获得大多数人的共鸣。

幸福的元素也许有 80 个甚至更多，但我聚焦在这 8 个重要的元素上，简单搭建出人生幸福的模样。

双赢谈判轮

"双赢谈判轮"（见图 2-2）也是相同的概念，谈判前先问问自己：

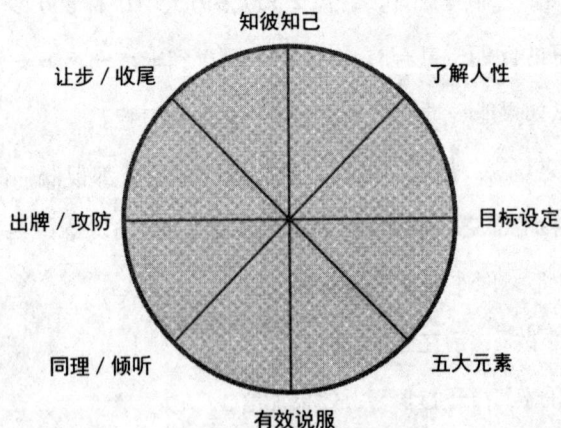

图 2-2 双赢谈判轮

- 你有多了解自己和对手的状态？知彼知己，百战不殆，至少你不会输或输惨。

- 你够了解人性吗？人大多是理性的还是感性的？谈判要先处理情绪还是先处理事情？

- 你的谈判目标是什么？What do you want? What do you want? What do you want? 因为很重要，所以一定要问自己三遍！

- 谈判的五大元素：从"人、事、时、地、物"延伸出来的20个谈判重点，你清楚吗？

- 一定要很会说话，舌灿莲花才叫作"谈判说服力"吗？

- 你有同理心吗？你愿意倾听对手的声音吗？是先同理再倾听，还是先倾听才会有同理？

- 上桌谈判如何开场？硬出牌还是软出牌？你知道如何进行谈判攻防和推挡吗？

- 谈判是一种"妥协的艺术"，要让步吗？如何让步？谈判怎样收尾好回家？

画出你的"双赢谈判轮"，算一下各项得几分？可以接受吗？还是有很大的成长空间呢？

接下来，本书第二篇的重点，将为您个别举例，做更详细的说明，如何运用"双赢谈判轮"上桌谈判得更多。而第三篇将专门分析"谈判五大元素"的20个"谈判制胜关键点"。

二、知彼知己，百战不殆

武力无法维持和平，只有相互理解可以。

——爱因斯坦

《孙子兵法·谋攻篇》："知彼知己，百战不殆；不知彼而知己，一胜一负；不知彼，不知己，每战必殆。"

这里把人分为三个层次：

• 了解谈判对手也了解自己，每次谈判都不会有太大风险；

• 不了解对手，但了解自己，谈判胜负的概率各半；

• 既不了解对手，又不了解自己，每次谈判必败（往往得不到自己想要的东西）。

了解自己，发现自己，是人生一辈子的重大课题。要了解一个人的性格特征，有很多工具可参考使用，血型、星座、八字、面相，甚至是掌纹。而本书推荐的，是在全球风行已久的"DISC 性格检测分析工具"。

美国心理学家威廉·穆尔顿·马斯顿（William Moulton Marston）博士在 1928 年出版的著作《常人之情绪》（*Emotions of Normal People*）中，通过正常人在正常情况下的情绪反应研究，提出了被后人称为"人类行为语言"的 DISC 理论。马斯顿博士从他的研究中发现，人们对所处情境的自我察觉和情绪反应，多通过四种主要行为模式表达，分别是：

- 支配（Dominance）：老虎型人格
- 影响（Influence）：孔雀型人格
- 稳健（Steadiness）：考拉型人格
- 服从（Compliance）：猫头鹰型人格

DISC 性格测验使用至今，是国内外企业广泛应用的一种人格测验，用于测查、评估和帮助人们改善其行为模式、沟通能力、人际关系、工作绩效、团队合作、领导风格及谈判风格等。

DISC 小测验与四大谈判性格分析

以下提供 10 题简单而有效的 DISC 小测验，供您使用参考：

选出最符合你的选项。善意提醒：这不是考试，用直觉做判断比较准。完成后请统计 1 到 4 的选项，看看哪一个选项选择最多。四个选项分别代表的动物是：

- 支配型的老虎（D）
- 影响型的孔雀（I）
- 稳定型的考拉（S）
- 服从型的猫头鹰（C）

DISC 小测验：

1．在同事（同学）眼中您是一位？

（1）积极、热情、有行动力的人。

（2）活泼、开朗、风趣幽默的人。

（3）忠诚、随和、容易相处的人。

（4）谨慎、冷静、注意细节的人

2．您喜欢看哪一类型的杂志？

（1）管理、财经、趋势类。

（2）旅游、美食、时尚类。

（3）心灵、散文、家庭类。

（4）科技、专业、艺术类。

3. 您做决策的方式？

（1）希望立即有效。

（2）感觉重于一切。

（3）有时间考虑或寻求他人意见。

（4）要有详细的资料评估。

4. 职务上哪种工作是我最擅长的？

（1）以目标为导向，有不服输的精神。

（2）良好的口才，能主动与人建立友善关系。

（3）能配合团队，扮演忠诚的拥护者。

（4）流程的掌握，注意到细节。

5. 当面对压力时，您会？

（1）用行动力去面对它，并且克服它。

（2）希望找人倾吐，获得认同。

（3）逆来顺受，尽量避免冲突。

（4）重新思考缘由，必要时做精细的解说。

6. 与同事（同学）之间的相处？

（1）以公事为主，很少谈到个人生活。

（2）重视气氛，能够带动团队情趣。

(3) 良好的倾听者，对人态度温和友善。

(4) 被动，不会主动与人建立关系。

7. 您希望别人如何与您沟通？

(1) 直接讲重点，不要拐弯抹角。

(2) 轻松，不要太严肃。

(3) 不要一次说太多，要给予明确的支持。

(4) 凡事说清楚、讲明白。

8. 要完成一件事情时，您最在意的部分是？

(1) 效果是否达到。

(2) 过程是否快乐。

(3) 前后是否有改变。

(4) 流程是否正确。

9. 什么事情会让您恐惧？

(1) 呈现弱点，被人利用。

(2) 失去认同，被人排挤。

(3) 过度变动，让人无所适从。

(4) 制度不清，标准不一。

10. 哪些是您自觉的缺点？

（1）没有耐心。

（2）欠缺细心。

（3）没有主见。

（4）欠缺风趣。

四大谈判性格分析：

为了让学员们更了解 DISC 的意义和内容，我常请大家在纸上画一个十字，形成四个象限。

左边写上：以事为主，目标导向，较理性；

右边写上：以人为主，关系导向，较感性；

上面写上：主动，直接，外向；

下面写上：被动，间接，内向。

第二象限是左上角，落在这里的性格主动又理性，代表的是，支配型的老虎（D）；

第一象限是右上角，落在这里的性格主动又感性，代表的是，影响型的孔雀（I）；

第四象限是右下角，落在这里的性格被动又感性，代表的是，稳定型的考拉（S）；

最后，落在左下角第三象限的性格被动又理性，代表的动物是，服从型的猫头鹰（C）。

以马斯顿博士所强调的一般正常人，在正常情况下的情绪反应来分析：

"老虎型" D的特点：

支配、老板型、指挥者、发号施令者、独立果断、自尊心极强、创新多变、主动积极、个性急（十万火急）、热爱权力、有企图心。

希望：多些改变

动力：实际成果

面对压力时可能会：失去耐性

希望别人：回答直接、讲重点、掌握状况

害怕：被人利用、失去掌握

常见族群：老板、主管、创业者、领袖

"孔雀型" I的特点：

影响、互动型、社交者、口才佳、擅交际、追求互动、活泼且乐观、散发热情与魅力。

希望：被认同，保持友好关系

动力：团队认同

面对压力时可能会：轻率、情绪化、失控、口出恶言

希望别人：讲信用、给予声望和尊荣

害怕：失去认同、受到排斥

常见族群：业务、讲师、公关营销、主持人

"考拉型" S 的特点：

稳健、支持型、支持者、设身处地、擅倾听、以步骤为主，追求一致性、坚定信念、容易预测。

希望：维持现状，改变前先做充分适应的准备

动力：标准原则

面对压力时可能会：犹豫不决、唯命是从

希望别人：提出保证且尽量不改变

害怕：失去保障、突然改变

常见族群：内勤、公务人员

"猫头鹰型" C 的特点：

谨慎、修正型、思考者、擅分析、重思考、以程序为主，追求限制、注重细节、高标准、完美主义者。

希望：精准有逻辑的方法

动力：把事做好

面对压力时可能会：忧虑、钻牛角尖、慢半拍、退缩

希望别人：提供完整说明及详细数据

害怕：被批评、缺乏标准

常见族群：财务、法务、稽核、工程师、科学家、计算机人员

下面我们来看一下 DISC 性格在谈判中会有什么样的表现（参考图 2-3）。

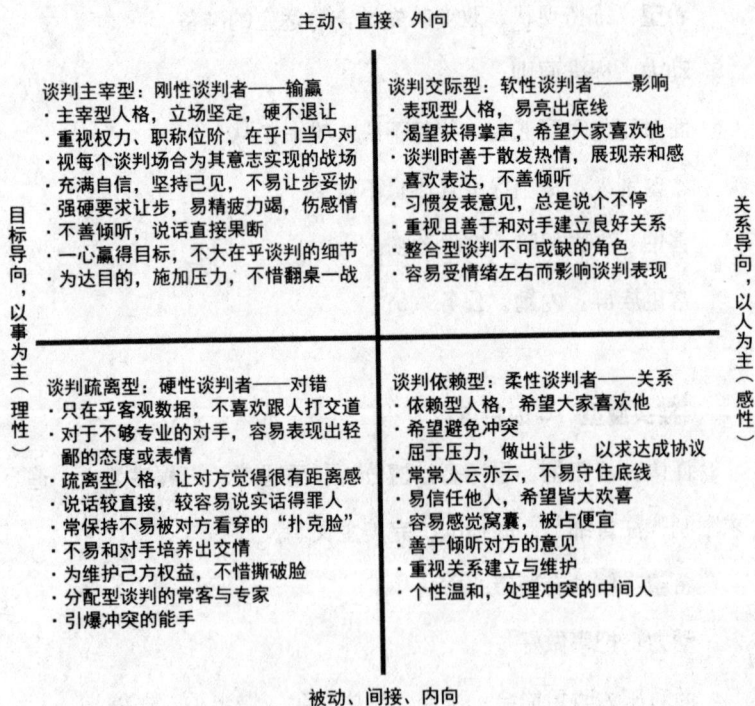

主动、直接、外向

目标导向，以事为主（理性）

谈判主宰型：刚性谈判者——输赢
· 主宰型人格，立场坚定，硬不退让
· 重视权力、职称位阶，在乎门当户对
· 视每个谈判场合为其意志实现的战场
· 充满自信，坚持己见，不易让步妥协
· 强硬要求让步，易精疲力竭，伤感情
· 不善倾听，说话直接果断
· 一心赢得目标，不大在乎谈判的细节
· 为达目的，施加压力，不惜翻桌一战

谈判交际型：软性谈判者——影响
· 表现型人格，易亮出底线
· 渴望获得掌声，希望大家喜欢他
· 谈判时善于散发热情，展现亲和感
· 喜欢表达，不善倾听
· 习惯发表意见，总是说个不停
· 重视且善于和对手建立良好关系
· 整合型谈判不可或缺的角色
· 容易受情绪左右而影响谈判表现

关系导向，以人为主（感性）

谈判疏离型：硬性谈判者——对错
· 只在乎客观数据，不喜欢跟人打交道
· 对于不够专业的对手，容易表现出轻鄙的态度或表情
· 疏离型人格，让对方觉得很有距离感
· 说话较直接，较容易说实话得罪人
· 常保持不易被对方看穿的"扑克脸"
· 不易和对手培养出交情
· 为维护己方权益，不惜撕破脸
· 分配型谈判的常客与专家
· 引爆冲突的能手

谈判依赖型：柔性谈判者——关系
· 依赖型人格，希望大家喜欢他
· 希望避免冲突
· 屈于压力，做出让步，以求达成协议
· 常常人云亦云，不易守住底线
· 易信任他人，希望皆大欢喜
· 容易感觉窝囊，被占便宜
· 善于倾听对方的意见
· 重视关系建立与维护
· 个性温和，处理冲突的中间人

被动、间接、内向

图 2-3 DISC 的谈判性格分析

DISC 工具用在谈判风格的分析如下：

老虎型（D）谈判风格，主宰型人格：

• 立场坚定，硬不退让；

• 重视权力、职称和位阶，在乎谈判桌上的"门当户对"；

• 视每个谈判场合为其意志实现的战场；

• 充满自信，坚持己见，不易让步妥协；

• 强硬要求让步，易精疲力竭，伤害感情；

• 不善倾听，说话直接果断；

• 一心赢得目标，不大在乎谈判的细节；

• 为达目的，施加压力，不惜翻桌一战。

孔雀型（I）谈判风格，交际型人格：

• 容易亮出底牌，透露底线；

• 渴望获得掌声，希望大家喜欢他；

• 谈判时善于散发热情，展现亲和感；

• 喜欢表达，不善倾听；

• 习惯发表意见，总是说个不停；

• 重视且善于和对手建立良好关系；

• 整合型谈判（谈合作，整合资源一起把饼做大！）不可或
缺的角色；

· 容易受情绪左右而影响谈判表现。

考拉型（S）谈判风格，依赖型人格：

· 希望大家喜欢他；

· 希望避免冲突；

· 屈于压力，做出让步，以求达成协议；

· 常常人云亦云，不易守住底线；

· 易信任他人，希望皆大欢喜；

· 容易感觉窝囊，被占便宜；

· 善于倾听对方的意见；

· 重视关系建立与维护；

· 个性温和，处理冲突的中间人。

猫头鹰型（C）谈判风格，疏离型人格：

· 只在乎客观数据，不喜欢跟人打交道；

· 对于不够专业的对手，容易表现出轻鄙的态度或表情；

· 让对方觉得很有距离感；

· 说话较直接，较容易说实话得罪人；

· 常保持不易被对方看穿的"扑克脸"；

· 不易和对手培养出交情；

· 为维护己方权益，不惜撕破脸；

- 分配型谈判（切割利益或负责裁员）的常客与专家；
- 引爆冲突的能手。

使用 DISC 人格分析工具要特别注意的是：

- 性格决定命运，但我们可以努力掌握自己天生的优势；

- 了解自己，对自己负责；

- 不随便给别人贴标签；

- 保有自己，适应别人；

- 没有好坏对错，但可调整改进，让自己更好；

- 谈判团队的组成应根据谈判的性质、议题的属性、双方的
  关系、时间的急迫等，决定派怎样性格的人上场，搭配进
  行谈判；

- 软硬兼施，均衡圆融有弹性，是谈判高手应该具备的人格
  特质；

- 无论哪一类型，人都是有尊严、希望被尊重的。切记！切
  记！切记！

弱势群体如何争取利益

　　《关键少数》是一部 2016 年的美国传记电影。背景是 20 世纪
60 年代，美国与苏联进行太空竞赛，以及美国种族歧视盛行的时

期，三名非裔女性在 NASA（美国国家航空天局）进行与水星计划相关的计算工作，虽然三人时常因肤色和性别受到刁难和歧视，但她们从不放弃自己的理想和本分，最终帮助 John Glenn 成为首位进入地球轨道的美国航天员。

场景 1：NASA 的有色人种员工餐厅

女主管："女性不能参加 NASA 的工程师训练计划！"

玛莉·杰克森（以下简称 Mary）："符合资格的人就能申请那个职位。"

女主管："对，但你不符合学历要求。"

Mary："我有数学和物理学士学位，和这里大多数的工程师一样！"

女主管不屑地说："现在需要弗吉尼亚大学进修课程的学历才行，员工手册附录里写了，你大概没看吧？"

Mary 转头对她两个好姐妹 Katherine 和 Dorothy 说："每次有机会往前进，他们就把终点线往后移。"

女主管怒呛："我只是照规定做事，我也希望我所有的下属都照规定来，没有人有特殊待遇，你们有工作就应该感恩了。"

场景 2：好友家中

Mary："不能前往弗吉尼亚大学上课的人，可以在汉普顿高中上进修课程。"

Katherine："那里还是种族隔离的学校。"

Mary："尽管违反宪法，弗吉尼亚州还是执行种族隔离的教育政策，他们绝对不会让一位黑人女性在全白人的学校里上课。"

Dorothy："听起来没错。"

Mary："你就只会讲这个吗？"

Dorothy："我才不想听你整天都在抱怨这个，去跟法院申请，争取你想要的，但不要光说不练。"

人生路上，好友的鼓励何其重要。

场景 3：法院

Mary 在家看到电视上马丁·路德博士说："我们认为自己是为国家奉献，这不仅是为了我们自己奋斗，更是为了拯救美国的灵魂而奋斗。"

这段访问带给她信心和斗志，去迎接在种族歧视下，勇于争取工作权的法庭谈判。

Mary："早安，法官大人。"

法官："汉普顿高中是一间白人学校，杰克森女士。"

Mary："是的，庭上，我了解。"

法官："弗吉尼亚还是实施种族隔离的州，不管联邦政府怎么说，不管最高法院怎么说，我们的法律才是法律。（Our law is the law.）"

Mary："庭上，请容许我说句话，我相信有些特殊情况是可以考虑的。"

法官："有什么情况可以让黑人女性念白人学校？"

法官的种族歧视颇深，是一位"老虎型"的谈判对手，而Mary属于热情活泼、口才极佳的"孔雀型"谈判者，无所畏惧。两人一位是法官，一位学数学和物理，都具备"猫头鹰型"论理叙事的逻辑分析能力。

Mary："我能向前近一步说话吗，法官大人？"

法官点点头，法警打开门，让Mary上前更靠近法官。（拉近距离：谈判亲和感建立）

Mary："法官大人，您应该最能了解首开先例的重要性。"

法官："此话怎讲？"

Mary："您是您家族中最早加入美军的成员，加入的是美国海军；最早读大学的家族成员，读的是乔治梅森大学；也是最早连任的州法官，连续三任州长都任用您。"

法官："你做了功课！（You've done some research.）"

Mary："是的，大人。"

法官："你的重点是什么？（What's your point?）"

Mary："重点是，弗吉尼亚从未有黑人女性曾经到全白人的学校读书，这是前所未闻（Un-heard）的事。"

法官："是的，前所未闻。"

Mary："在艾伦·谢泼德（Alan Shepard）坐上火箭前，没有一个美国人到过太空，现在他将永远被世人记住。这个出身于新罕布什尔州的美国海军，是第一个进入星空的人。而我，我要成为NASA的工程师，但如果不到白人学校进修课程，我就无法做到这件事。我不能改变我的肤色，所以我不得不选择做先锋，但没有您，我无法成功。"（动之以情）

"大人，现在您所看到的各种案件，100年后哪一个案子是最重要的呢？哪一个案子能让您载入史册呢？（Which one is gonna make you the first?）"（充满坚定自信，渴求期盼的眼神。同时诉之以理及利，法官的利益）

法官想了一下："只能上夜校，杰克森女士。"（谈判的让步：兼顾法官大人的权威，及在场众多白人听众的心情）

结果是，Mary成功了，法官留名了。双赢谈判力，越谈越有利！

"关键少数"的4个谈判技巧：

1. 谈判的亲和力和说服力都很重要。（近一步说话好吗？）

2. 谈判要做好事前的信息搜集，知彼知己，百战不殆。

3. 谈判要兼顾对方利益，站在对方的立场，为自己着想。

4. 谈判内容的切割，就是一种让步。（不能日校，只能夜校）

三、我教的不是"谈判",是"人性"

这是个金融科技(Fintech)的大时代!电子商务、人工智能、大数据、云服务、生态系统、区块链、虚拟货币、监管沙盒、移动支付、机器人理财、虚拟银行、物联网……无论科技如何日新月异,至少到目前为止,我们谈判的对象还不是机器人,而是真实的人。

所以在上谈判课的时候,我常跟学员们说:"我教的其实不是谈判,是人性。"

讲到"人性",大多数人都会想到得寸进尺、落井下石、贪得无厌、欺善怕恶、趋利避害、好逸恶劳、自以为是、理所当然、先入为主、习以为常、不懂感恩、以牙还牙、朝三暮四、从众心态……这不是不好,只要认清人性就好。而谈判之道,始于人性,"得寸不进尺",如同"好菜不添饭",抛砖不引玉,委曲难求全。得饶人处"不饶人","落井"怎能不"下石"?温良恭俭,就是不"让","我息事宁人",还是"宁可我负人"？

科学家研究证明，人类的左右脑分别掌管理性与感性的一面，左脑管的是理性，即语言、逻辑、分析、推理；右脑管的是感性，即直觉、情感、想象、创意。请问你是"左脑人"还是"右脑人"呢？之前有学员回答我，说他是"烦恼人"，我无言。

学习谈判，你必须了解"人性"：为什么我们那么"爱比较"？为什么"免费"让你更花钱？为什么人们很容易"自以为是"？为什么贵的东西感觉"比较有效"？为什么选择太多反而让人感到迷惑，而无法得到真正想要的东西？

接下来我要介绍跟人性有关，有趣又有用的两个谈判及销售理论："登门槛效应"及"留面子效应"。

登门槛效应（Foot In The Door Effect）

首先介绍由小而大、由少而多、由近而远、由易而难的"登门槛效应"。

软出牌，开低价（身段放低，要求降低），诱敌深入，请君入瓮

1966 年，美国社会心理学家弗里德曼和他的学生们做了一个非常经典的实验，他计划向两个小区的居民提出相同的要求，

希望能在他们门前的草坪上竖立一个字体很丑，而且还大到足以影响屋主花园的视野及美观，上面写着"小心驾驶"的大型警示标语立牌。

首先，在 A 小区，研究团队向人们直接提出这个要求，结果遭到大多数居民的拒绝，接受者仅为被要求者的 17%。

然而在 B 小区，他们改变了做法，学生们先挨家挨户地请求居民们在一份"赞成安全行驶的请愿书"上签名表示支持，这对居民来说，是相对容易做到的事。因此，几乎所有的被要求者都照办了。

两周后，弗里德曼请学生再次登门拜访 B 小区的同一批屋主，除了表明感谢两周前的热情协助，并进一步询问，是否能在他们门前的草坪上竖立一个字体很丑，而且还大到足以影响花园的视野及美观，上面写着"小心驾驶"的大型警示标语立牌？结果这次竟然有 55% 的受访者答应这项要求，跟 A 小区相比，同意率足足高出了 38%。

为什么会有这样大的落差呢？心理学家研究的结论是：

第一，"自我认同意识"。当我们答应对方较小的要求时，会觉得自己有能力热心帮助他人。因此当对方提出更多的要求时，为了维持"有能力且热心助人"的形象，就变得不容易去拒绝别人接下来的请求，就算这个请求是较困难的。

第二，"最初愉快经验"。当我们同意最初的小小要求时，会觉得帮助别人是件好事，何况也没有什么不愉快，因此就比较容易答应后续更大的要求。

这个实验印证了社会心理学"登门槛效应"的存在。

"登门槛效应"（Foot In The Door Effect）是指：人们通常不乐于接受比较困难或过分的要求，因为既耗时费力伤神，又未必对自己有利。然而一旦人们愿意接受一个简单的小小要求，就有可能接受后续更大的请求。

从人性的角度来看，这可能是对方为了"避免造成认知上的不协调"，或是"想要保持前后一致的个人形象"所致。所以当接受了第一个小的要求之后，会比较愿意接受下一个更重大、更复杂或更难答应的要求。

就如同推销员只要能让对方答应把门打开，并把脚踏进门槛卡住门，就有后续推销成功的机会，所以这又称作"脚在门槛内效应"。这个特别的名称，是来自于以前还没有网上购物和电视购物的时代，推销员大多必须挨家挨户地登门拜访客户，推销商品，但许多人一看到是推销员来销售，就立刻关上大门，让推销员连开口介绍产品的机会都没有。于是聪明的推销员就趁门刚打开时，先把一只脚伸进门内挡着，避免客户立即关上门，以争取一点时间介绍产品，提高交易的机会。

俗话说得好："有一就有二，有二就有三，无三不成礼。"这就跟成语"得寸进尺"的意思是一样的，所以又叫作"得寸进尺效应"。

人们通常希望自己的言行举止、态度与信念是从一而终的。由于已经接受了前面一个小的请求，若是拒绝后面较大的请求，可能会出现"认知不协调"的状况。人们害怕别人觉得自己是善变而不值得信任的，所以为了达到心理上的一致与和谐，人们通常会调整自己的态度和响应，在接受了小的要求之后，会答应更大的或不相关的请求。

当你走在路上，遇到有人在街头进行市场问卷调研，你是否会驻足协助呢？"大哥，可以麻烦您帮我做个简单的问卷吗？只有5个题目哦！"这种小事情，我们通常很难拒绝吧！

"大哥，谢谢你帮我填问卷！你真是位好人，可以顺便帮我买一份爱心手工饼干做公益吗？每份只要50新台币（约等于10元）哦！"你，好意思拒绝吗？

百货公司周年庆总是吸引大批民众前往"捡便宜"，尤其是一楼的化妆品专柜小姐，总带着甜美的笑容，亲切地询问："小姐，您要不要试用看看？"你觉得试试无妨，便坐下来试用。"要不要再试试最新款的产品？或其他性价比更高的产品呢？"你又答应了。

"看看镜子，您的气色和肤色真是好极了！""这真的很适合您！""周年庆限时限量，一年唯一一次，走过路过，不要错过!""这已经是整年度最优惠的价钱了哦!""本日最特惠!"……一不小心,手上就多了好几袋化妆品。而这只是百货公司周年庆的第一关,前方机关重重、处处折扣,环境如同唐三藏师徒西天取经般险恶。这就是"登门槛效应",一切都始于一开始的"您要不要试用看看"?

在一般情况下,人们通常不愿接受较高难度的请求,但如果从"小请求"拜托起,人们就有较高的概率会答应高难度的请求。为了"避免不协调",或是"保持一致性",人会不自觉地答应后续较为无理的要求。

上述心理效应告诉我们,要让他人接受一个很大甚至是很难的要求时,最好先让他接受一个小要求,一旦他接受了这个小要求,他就比较容易接受更高的要求。

- 人们总是希望保持自己的美好形象,所以第一次答应之后,第二次便比较难再拒绝。
- 循序渐进总是更容易让人接受一些。
- 巧妙运用"得寸进尺效应",会让你的销售或谈判工作进行得更加顺畅。

让人一下子接受"尺"并不容易,但接受"寸"就相对容易多了。所以得寸就会进尺,运用之妙,存乎一心。老子的《道德经》说:"千里之行,始于足下。"千里的路程,是从迈出第一步开始的。比喻事情的成功,是从小到大逐渐积累起来的。一个人如果认准方向之后不停地朝着目标努力，从小事做起，一步一步走下去，持续积累创造成果，就必能到达成功的彼岸。

谈判最重要的，是对方愿意或是有勇气上桌谈。跟销售一样，产品再好，对方如果不把门打开，则英雄无用武之地；条件再好，谈判能力再强，但对方不愿或不敢上桌谈，一切都是枉然。让对方开门，并把门卡住，才有后续介绍商品理念和价值的销售机会。

让对方上谈判桌，努力让他留下继续谈，才有谈出结果并创造双赢的机会。那么谈判时要如何运用"登门槛效应"呢？

1. 放低身段："坚守立场"不代表非要"摆高姿态"，释出诚意，建立亲和，让对方相信跟你谈会让情况改善，有更好的结果。

2. 软出牌：一开始就把己方谈判的目标要求降低，先提出较容易或合理的要求，诱敌深入，请君入瓮。

3. 让利或让步：主动释出善意，放出利多消息给对方，能让的部分先让，甚至多让些，博取对方的信任，创造更大的谈判双赢，最后也许你能得到更多。

留面子效应（Door In The Face Effect）

接着我们来看由大而小、由多而少、由远而近、由难而易的"留面子效应"！

硬出牌，开高价（姿态放高，要求提高），先声夺人，虚张声势

先给消费者一个很高的价格或规划，随即给出一个较低的价钱或规划，造成"真的很便宜""我能付得起"的心理感觉。像是乔布斯当初宣布 iPad 价格时，先向众人表示，根据市场上的专家意见，应该以低于 1 000 美元为售价，此时屏幕上出现 999 美元的字样。而后，贾伯斯旋即宣布 iPad 不会这么贵，只需要 499 美元，这就是"留面子效应"的最佳案例。

"留面子效应"（Door In The Face Effect）是指人们拒绝了一个较大要求后，对较小要求的接受程度增加的现象。相应地，为了达到推销的最低回报，先提出一个明知别人会拒绝的较大要求，可以提高顾客接受较小要求的可能性。在日常生活中，产品定价和售价的落差，就是这个技巧的应用。

美国的心理学家团队曾经进行过一项研究实验，要求 A 班的 20 名大学生花两年时间，担任一个少年管理所的义务辅导员，这是一件很费神的工作，大学生们断然谢绝。

随后，他们提出另一个要求，让这些大学生"带领少年们去

动物园玩一次"，结果 50% 的人接受了。而当他们直接向 B 班的 20 位大学生提出同样"带领少年们去动物园玩一次"的要求时，结果却只有 16.7% 的人愿意。

那些拒绝了第一个要求的 A 班大学生认为，这样做损害了自己富有同情心、乐于助人的形象。为了恢复他们的"利他形象"，便欣然接受第二个要求。再者，当实验者提出一个要求遭到拒绝后，接着再提出另一个小一点的要求，这可以看作是谈判时某种程度的让步。出于基本礼貌、互惠原则或人性，另一方通常也愿意做出相应的让步，作为回报。很有趣吧！

其实，"带领少年们去动物园玩"也是一件很劳力费神的工作，这从被直接提出要求的 B 班大学生中，只有 16.7% 的人愿意接受便可以看出来。但为什么当把这个要求紧接在另外一个较困难的要求之后，A 班大学生会有 50% 的人愿意接受呢？这种现象就叫作"留面子效应"。

有一次我要去澎湖第二信用合作社讲课，记得那是个星期六的早上，我在松山机场等飞机。忽然听到站务人员广播报告："由于飞机状况似乎有些异常，为了安全起见，起飞时间将延迟三小时。"顿时，候机楼的乘客一片哗然。尽管如此，安全无价，再怎样都得在候机楼度过这难熬的三小时。

不料约莫 50 分钟之后，又听到站务广播宣布："故障事件已排除，我们将于 10 分钟后安排各位旅客进行登机。"听到这个消息，乘客们都露出了笑容，如释重负，喜出望外，拍手叫好，仿佛有一种赚到的感觉，刚才的焦虑及不悦，瞬间抛到九霄云外。虽然飞机延误了约一小时才起飞，但乘客们却未对航空公司多有责难，反而感到庆幸和满意，有一种赚到两小时的感觉。

心理学家认为，在向别人提出自己真正的要求之前，可以先提出一个比较大的、强人所难的要求，待被拒绝以后，再提出自己内心真正的要求，这时，别人答应的可能性就会大大增加。

"留面子效应"主要是由于人们在拒绝别人较大较难的要求时，有时会因自己没有能够帮助别人，辜负了别人对自己较高的期望，而感到内疚。这时，为了维持在别人心中的良好形象，达到自己的心理平衡，一旦提出较小较简单的要求，人们往往愿意接受。

"留面子效应"要成功，有三个关键因素要注意：

- 最初的要求必须较大、较不合理，让拒绝你的人觉得他的拒绝是理所当然的。
- 前后差异颇大的两个要求，间隔时间不能太长，因为人是很健忘的。
- 别人是否有责任或义务对你提供帮助，要看双方是否有一定的利益纠葛或一定程度的交情。

当三岁小孩不愿意整理凌乱的玩具时，如何进行亲子谈判？

不知道是哪个亲子沟通专家提出的"好建议"，你可以跟孩子说："妈妈已经把地上的玩具整理了一半，剩下一半换你整理哦！"或是"妈妈已经把地上的玩具整理了一大半，剩下一点换你整理哦！"或是"妈妈已经把地上的玩具都帮你收到玩具箱里了，你只要把玩具箱的盖子盖上就好了哦！"

这正是"登门槛效应"的亲子版。

再复习一下，人们通常不乐于接受比较困难或过分的要求，因为既耗时费力伤神，又未必对自己有利。一旦人们愿意接受一个简单的小小要求，就有可能接受后续更大的请求。

然而这在3岁小孩身上有用吗？答案是：不好说！

我朋友的儿子就跟她说："就差个盖子，你自己盖上不就好了，为什么一定要我盖上呢？"或是："既然你都快整理完了，干吗还要我整理？你自己整理就好了呀！"妈妈瞬间无语。

结论：亲子谈判跟所有其他谈判一样，对手很重要！"登门槛效应"的效用，见仁见智，所以见机行事，方为上策。

"为客户打八折"却成为业绩精英

Joanna 是一位保险业的销售天后，无论在大型保险公司或是在保险经纪人公司，她永远是业绩排行榜上的风云人物，年年绩优出国，并成为 MDRT[1] 的终身会员。

她的销售方式和价值观跟别人很不一样。假设一位准保户的保险规划能力大约是年缴 10 万元，她通常只帮保户规划年缴 8 万元，一来客户的保费负担不会那么重，二来客户会觉得这个业务员很特别，有同理心，为他着想，不像其他业务员都只是一味地要他多买些。保险的确不嫌多，有买就代表有钱加上身体好。但不需要一次买太多，尤其是第一次见面的转介绍客户，信任感还不够，为他规划不超过能力范围，而是游刃有余、缴费较轻松的保单，先建立信任，创造双赢，这就是"登门槛效应"在销售谈判上的最佳运用。

相反的，大部分业务员都被训练要多帮客户规划些，因为客户真正的经济实力永远不会跟你说，所以如果你觉得客户的能力每年可以规划年缴 10 万元，应该从年缴 20 万元的保单规划谈起，就算最后打对折也能达标，这就是"留面子效应"。

Joanna 说，几年前脑部动手术之前，她习惯用"留面子效

---

① MDRT（Million Dollar Round Table），又称"百万圆桌会议"，是全球寿险精
英的最高盛会。

应"，加码帮客户规划保单，她觉得开高得高，先讲先赢，销售高手的她总能说服客户多买一些，比较保险。

但大病初愈、从鬼门关历劫归来的她，人生观有了重大的转变，也改变了自己的销售价值观和销售技巧。只为客户规划打八折的保单，尤其是面对新认识的准保户，不急着卖大单，运用"登门槛效应"，多些同理心，获得客户更多信任，成为自己的忠实保户。也许今年买得比较少，但之后年年都会再买，收获往往更丰硕。

销售不是只做一天，如果你希望拥有更佳的"顾客生命周期"（customer lifetime），在销售谈判时，无论使用"登门槛效应"或是"留面子效应"，都要将心比心，用心倾听，尽可能了解客户的需求与能力，站在客户的立场，多替他着想，客户非草木，会有感觉的。

亲爱的读者，如果你是销售人员，你会用"登门槛效应"还是"留面子效应"来进行销售呢？这没有对错，只是一种选择，因人而异。

面对日新月异、来势汹汹的金融科技时代，别忘了那句老话："科技，始终来自人性！"销售和谈判亦然。

四、目标设定，莫忘初衷

📑🔍 **旋转椅组装剐伤事件之赔偿谈判**

Jenny 和她先生到宜家（IKEA）买了单人沙发及 2 把旋转椅，总共花了 12 500 新台币（约等于 2900 元）。请宜家送到家的运费为 900 新台币（约等于 210 元），他们觉得不需要再多花钱让宜家到家中组装，他们应该可以自己来，但在家组装时才发现原来没那么简单。而其中一张椅子的旋转座"似乎"有些小瑕疵，以致她先生在组装时剐伤了手指。

伤口虽然不大，但感觉很差，火气很大，于是她先生写了一封抱怨的电子邮件发到宜家瑞典总公司，表达自己"不舒服"的心情。你没看错，她先生写了一封英文的邮件给宜家总公司，而不是台湾分公司。我觉得有点惊讶，也很佩服，至少可以顺便练习英文书信的撰写。他们很快地收到了回复，国外总公司表示非常抱歉，并会请台湾分公司人员妥善处理。

台湾的客服人员也很快地发了一封充满诚挚歉意的邮件，表示："我们感到非常抱歉，一定会对此事负责。请保存好医疗支出的单据，宜家会负担所有医药费用，并会尽快换一个全新的旋转椅给客户。"

其实这真的只是小伤，实在没什么好要求医药费的，这对夫妻算是老实人，他们也不知道要怎么回。听完这段经历，我忍不住问 Jenny："说真的，你老公大费周章地写英文信到宜家国外总公司抗议，除了心情不好发泄一下，你们到底要什么？" Jenny 尴尬地笑着说："我们只是想看看他们会有什么回应？"我当场有点说不出话来。

在了解他们确定要这张椅子之后，我建议她也许可以这样跟宜家说："谢谢你们积极负责的回复，伤口没大碍，不需要赔偿医药费。但我需要换一张新的椅子，你们可以检查无瑕疵之后，组装好送来，或是派人免费来我家帮忙组装新椅子。"

让宜家二择一，既可省下组装费，又不用花精力和时间去组装。Jenny 夫妻本来并没想到可以这样要求，只想到要对方换张新的椅子来，然后自己组装就好。听了我的建议，她觉得很有道理，便跟宜家说："我还是要这张椅子，但因为组装受伤，心情也受影响，麻烦你们换货时，请师傅组装好，检查货品确定无瑕疵再送来。"对方欣然接受这样的选项。

结果宜家的组装人员只花了不到 10 分钟的时间，就在 Jenny 家把椅子组装完成了。他们也因此有了一把完好的新椅子。

这个谈判让 Jenny 省下了一笔组装费，让她先生省下 20 至 30 分钟的组装时间（自己组装还要再看说明书，很麻烦）。同时也让宜家的服务中心在其权限及能力范围内，迅速完成上级交代的任务，平复客户的不悦，满足客户的需求，增加客户满意度，让客户恢复对宜家的信心。这就是生活中无所不在的双赢谈判。

亲爱的读者，如果换成是你，若按照"得寸进尺的人性"，你会跟宜家要求什么呢？也许你觉得这很简单，但重点是：生活中很多事情或问题，你有没有想到如何保障自己的权利、增加自己的利益、让自己更方便惬意，而且是对方能接受又做得到？

就算有想到，你有没有试着去争取看看呢？不谈不会怎样，但谈了也许会很不一样。双赢谈判力，越谈越有利。

五、谈判二心——诚心"同理"＋用心"倾听"

谈判二心指的是：诚心"同理"和用心"倾听"。

管理大师彼得·德鲁克（Peter Drucker）说："最重要的沟通，是听到没说出口的话。"

这句话有两个深层的含义：

1. **"沟通三要素"包括文字语言、声音语调和肢体动作**。根据专家研究，在面对面沟通时，最具影响力的是肢体动作和脸部表情，无须多言，看就知道。

2. **同理心很重要**。扪心自问，你有同理心吗？问问自己，对一个失恋的男生你会怎么安慰他？"天涯何处无芳草"？对一个失恋的女生你会怎么鼓励她？"下一个男人会更好"？但是，如果你真的失恋过，你觉得这两句话有用吗？相信大多人都会摇头。

在我失恋十分心痛的时候，公司副总曾安慰我说："Leader，有这么痛吗？"

而总经理也来问候我："Leader，你还要痛多久？"

我知道他们是好意，希望我赶快恢复正常，重拾往日笑容。然而，我宁可朋友们对我说："Leader，虽然我不知道要说些什么，但如果你想说，我很愿意听，我一直都在。"或是"Leader，虽然我不知道要说些什么，但我很高兴你愿意跟我分享。"

这样感觉会不会好很多呢？因为"同理"带来的是温暖，而不是另一个问题。"热心和关心"需要配上"同理心和智慧的言语"，才能发挥最大药效，否则可能药到"命"除，而非药到"病"除！

"同理"的重点不是说你"感同身受"，而是要说出对方目前的情绪起伏，或五味杂陈的痛苦。同理心不是认同对方，重点在于**"理解"**。

我们天生需要有人能理解我们，并与他人建立联结。展现同理心，说出同理话，不妨练习有温度地慢慢说：

"我能了解您的感受。"

"我能体会您的心情。"

"我明白您的意思。"

"我清楚您的立场。"

"真是辛苦您了。"

"您说得很有道理。"

"难怪您会生气，换作是我，同样也会很生气的。"

挑一句你可以很自然就说出口的同理语言，练习看看，久了就能内化成你的修养和高度。

新西兰年轻的女总理杰辛达·阿德恩（Jacinda Ardern），在新西兰 2019 年初经历恐怖分子血洗清真寺，造成 50 余人死亡的事件后，她在国会对全国的穆斯林温情喊话："虽然我们无法了解你们的悲伤，但我们会跟你们走过每一个哀伤的时刻。"这句话博得了新西兰朝野政党及全球的一致好评。

同理心能带来凝聚力和团结向心力，谈判时，更能带来亲和感及信任感，无论沟通、销售、谈判，同理心无所不在。

"同理"和"倾听"，两者缺一不可，相辅相成。有人问，是先同理才能倾听，还是先倾听才有同理？这就好像是鸡生蛋还是蛋生鸡？有同理心，才会愿意倾听；专心倾听，才能真正同理，或是充分地展现同理心。

优秀的聆听者可以在另一方开口之前，就知道对方要说什么。观察与觉察很重要。倾听，要听得出对方的问题、感受、想法、需求和下一步动作；而"谈判同理心"是要洞悉对方的真实利益、束缚局限、视野观点及替代方案。

在此向大家提供一个有效表达不同意见的谈判沟通技巧：
"缓冲语法"。

谈判面对冲突时，静下心来问问自己：

他在说什么？为什么这么说？他的证据是什么？

我的证据是……这个证据显示……所以我认为……

缓冲句例子：

"我能体会您的感受……"

"我能了解您的想法……"

"谢谢您的意见，给我一个说明的机会……"

"您的意见很中肯……"

"您让我看到了另一个角度……"

"您让我知道了另一种想法……"

"您提出来的意见是很多人关心的议题……"

"有些人一开始的想法也跟您一样……"

"我知道您的顾虑在哪……"

"我们常遇到客户有这样的问题、反应……"

并紧接着使用缓冲句的语助词："同时""其实"或"然而"，

最后用"证据"消除对方的怀疑、误会和顾虑。"证据"包括当场示范、现实状况、举例说明、佐证资料、统计数字、官方报告、法令规定、专家说法、历史经验及往常惯例。

举例说明:"Kelly,谢谢您让我知道了另一种想法,然而根据 2019 年的这个判例,让我们可以很清楚地知道……"

同理心如何逆转了一场对决

《王牌对王牌》(*The Negotiator*)是一部 1998 年上映、发生在芝加哥的经典谈判电影,由真人真事改编。

Roman 原为芝加哥警局的顶尖谈判专家,却被陷害涉及贪污案,并被怀疑是杀害搭档的凶手,因而被撤职控诉。在投诉无效、求救无门的情况下,Roman 冒险劫持人质与警方对峙,以证明自己的清白。

Roman 深知警方谈判程序,因此点名要求另一名顶尖的谈判专家——Sabian 与他谈判。Roman 必须通过和 Sabian 之间的对话,为自己洗刷罪名;而 Sabian 也必须在芝加哥警局战友准备好击毙 Roman 之前,让他证明自己的清白。一场意志力与人质谈判的多方拉锯战就此展开……

令人印象深刻的一幕是,Roman 主动打电话给将他团团包围住的芝加哥警局老战友们，他一方面安慰老同事："别再责备自己了，我们都有过糟糕的日子。"

更提醒大家："今天来这里，重点不是我，而是我们要一起找出，谁偷了我们的钱？谁杀害了我的好搭档？我们之间出了坏警察，今天要查出他们是谁。我知道你们现在不相信我，但我是被陷害的，我是冤枉的！我从来没变，我还是曾与你们生死与共的那个小伙子，和你一起打球、一起喝酒的好朋友，是你邀请回家庆祝儿子受洗的那个人，也是在体育场从狙击手枪下救过你的那个人……"（感性的心战喊话，动之以情，以建立亲和感，提醒老同事们，别忘了之前的交情，帮伙伴们找回往日同甘苦、共患难的回忆）

"现在我'要'你们，哦不！我'需要'你们明白，我无从选择，这回我忍无可忍，请你们设身处地、将心比心地想想，我还能怎么办？"

"我想告诉大家，我是被陷害的，可是没有人愿意听！现在你们没得选，我们要待在这，直到查出陷害我的人。提醒你们，我知道交战原则，所以别试探我。你们还有4分钟让Sabian赶到现场，否则将会知道我绝非虚张声势！"（理性的心战喊话，胁之以力，提醒老同事们别忘了我的实力——芝加哥警局的神枪手兼"谈判一哥"）

也许你会怀疑：谈判时，这样展现同理，建立亲和感的心战喊话真的有用吗？在电影中，一开始警方布下天罗地网，将劫持人质的 Roman 团团围住时，狙击手巴勒莫（Plaermo）一赶到天台布署时，第一句话就说："他劫持了长官，等下找到机会就把他干掉！"

然而就在 Roman 进行心战喊话之后，当巴勒莫找到机会，手中狙击枪的红点打在 Roman 头上时，不管警方突击队队长再三下令"消灭目标"，巴勒莫却迟迟无法开枪，因为他就是 Roman 在体育场从狙击手枪下救过的那个人。最终他表明实在下不了手，而被解除狙击任务。

这是电影里最荡气回肠、触动人心的一幕，Roman 因为建立了亲和感，而逃过最致命的一劫。

由此可见谈判的同理倾听、建立亲和感，何其重要。

从另一个角度来看，就如同有 30 年经验的美国联邦调查局（FBI）谈判专家所说："对恐怖分子表达同理，并不是因为认同对方，而是希望减少伤亡。"知彼知己，百战不殆。了解对手，渗透对手，分化对手，是重要的谈判技巧。换言之，如果最后狙击手还是开枪了，那也得认命，至少谈判已经尽力了。

"谈判"就是：为免遗憾，尽力去谈！

此外，请大家想一想，以下两者，哪种说法你比较会答应、接受、配合或买单呢？I want（我要，命令口吻）或是 I need（我需要，请求口吻）？

再比较以下两者的差别：

You shall（你应该要，是一种责任，态度较严肃的口吻！）

You should（你应该要，是一种建议，有同理心，态度较轻松的口吻！）

如果分辨不出来也没关系，这可能不是谈判的问题，而是英文已经还给老师的问题哦。

用字遣词的精准度，将影响你的谈判说服力。我们会在接下来做更深入的探讨。

六、穿透人心的"谈判说服力"

谈判一定要舌灿莲花、口才极佳吗？口才不好，谈判一定会败下阵来吗？这真不好说。

很会说话的人，口若悬河，谈判对手会睁大眼睛、绷紧神经，尽全力地围攻你、对抗你；很不会说话的人，言不及义，没有章法和逻辑，谈判对手会瞧不起你，找机会痛宰你。

谈判未必要伶牙俐齿，但一定要有备而来。具备谈判说服力的人，该说话的时候掌握时机，表达见解，舍我其谁；不该说话的时候安静倾听，沉默是金。

简单一句话就是：该闭嘴时当闭嘴，该说话时别客气！

《论语·宪问篇》中说："夫子时然后言，人不厌其言。"审时度势，说话得体，该说话的时候当仁不让，义无反顾表达意见，因此人们不讨厌他说的话。所以，说话的时机很重要。

在电影《在云端》中，乔治·克鲁尼饰演一位专门负责为企业裁员的"裁员谈判专家"瑞恩·宾厄姆。他富有敏锐的观察力及触动人心的说服力，让他成为此行业中数一数二的谈判高手。

"虽然我希望能带来好消息，但你和我坐在这里，是因为这将是你在这间公司的最后一周了。"无论面对何种反应的被裁员者，裁员谈判专家所展现的是：软性的开场白、喜怒不形于色的"扑克脸"、一双诚挚专注于对方的眼睛、看似愿意倾听的耳朵、坚强无惧的心脏。他善问好问题，拥有穿透人心的谈判说服力，并尽力搜集数据，充分做好准备全力以赴。

其中有一段剧情让人印象深刻：一位中年的被裁员者拿出皮包，秀出他两个小孩的照片："你要我怎么跟他们说？"（动之以情）

当男主角正在思考如何回答这个问题时，他的工作伙伴，年轻的娜塔莉在旁边冷不防冒出一句："也许你低估了职业转变对孩子的正面影响。"

被裁员者马上回击对方："一旦被裁员，房贷和保险马上就要面临"断炊"的困境，我不仅得搬家，而且当女儿气喘发作时，我就只能紧抱着她。"（听来真的挺惨）

没想到娜塔莉竟回应："根据研究，受到中等挫折的孩子，会用更有成就的学业来应对这样的挫折。"（打感情牌没用）

男主角脸上露出不可置信的表情，而被裁员者直接以粗话回应这样毫无同理心的无知言论。这情况告诉我们：谈判时，宁可有神对手，也不要有猪队友。

男主角在关键时刻问对方："你很希望得到孩子们的崇拜是吗？但我怀疑他们并未崇拜过你。我不是心理医生，只是帮你认清现实。孩子们喜欢运动员，是因为他们一直在追求梦想。"

"他们当时给你多少薪水，让你放弃了你的梦想？"

"你什么时候才会回头做你真正喜欢的事？"

"你现在有个机会、这是一次重生。"

"就算不为自己，也是为了你的孩子。"

字字铿锵，句句动人，充满说服力。当这位被裁员的父亲态度软化，被说服的那一刻，递上的裁员数据就不再那么令人憎恨，不再只是通往地狱的门票，而是一个难得重生的机会。

知彼知己，百战不殆。高超且触动人心的谈判说服力，能让你谈判事半功倍，无往不利。

能"现学现卖"的谈判话术精选

"不如我们各让一步，好吗？"

"让我们晚点再讨论这件事吧？"

"这件事，要不要交给老板来决定？"

"我们何不跳脱传统思维的框架？"

"你要求的，我差不多都让给你了，你是不是也应该要还我些什么，才算公平呢？"

"听我说，我想你会喜欢我的这个建议。"

"这个价钱已经很优惠了，不是吗？"

"你有没有想过，也许我们可以一起把饼做大？"

"我没有太多时间。不如这样，你给我一口价，如果行，我马上下单；不行，也别破坏交情，好吗？"

"这是我们价格的成本结构，也就是要收取这个费用的原因。当然，如果下单的数量多，还是会有些价格优惠的。"

"要不要我们都各自回去请示一下老板，看看这个数字行不行，或者再看看还有没有其他的解决方案？"

"这样说固然也有一些道理（Yes），但是你有没有想过万一（But）……"

"如果一定要我现在回答的话，我的答案是'NO!'"

"我已经让这么多了，你得拿出更大的诚意才行。"

"我能做的就这么多了。"

"要不要随便你。"

七、谈判桌上的"出牌与攻防"

人质救赎谈判

《芈月传》中有一段极为精彩的人质赎回谈判。话说楚国长公主出嫁到秦国，途中遇到以义渠王为首的绑匪集团，将陪嫁的楚国公主芈月（秦国新皇后的妹妹）和大批珠宝、丝绸锦缎嫁妆半路拦截，作为与大秦国谈判交易粮食的筹码。秦惠文王派出著名的纵横家张仪和心腹大臣庸芮为谈判代表，设法赎回人质芈月公主。

义渠王：为了表示我们的诚意，我们劫的东西可以还给你们，但是我儿郎们不能白跑，辛苦钱总是要给的。（软中带硬，先出牌的谈判开场）别误会，我不要珠宝，我只要粮食！（破题开场，开宗明义直接告诉对方，这次谈判我要什么）本来我打算把那些

114

珠宝和丝绸锦缎，送到赵国邯郸去换一些粮食！（一开始就表明自己是有退路的，姿态很高）

庸芮：粮食可不容易办呀！要粮食需要大王恩准。（黑脸出来挡）

张仪（手势制止庸芮）：那得看义渠王拿出什么像样的东西来，能让大王恩准给你粮食？（谈判就是一种交换，我给你这个，你拿什么还我）

义渠王：如果秦人真心与我交好，我可以答应你们十年之内，我们义渠绝不再与秦国为敌！（创造谈判的筹码，"不再与之为敌"的前提是：现在处于敌对状态）

张仪：就这一句？（表示怀疑对方的诚意）

义渠王：你还想怎样？我义渠人说话算话，绝不反悔！（谈判的诚信和口碑很重要）

张仪：善！那皇后的妹妹（芈月）呢？（这次谈判的主角）

义渠王：那个别想啊！我要自己留着做王妃！（义渠王显然不是装傻，到现在还搞不清楚谈判对手来此做什么，这次的谈判风险很大）

庸芮：这就是义渠王的不对了！我们专程为她而来，你这样做太不够朋友！（为怕谈判破局，救援任务失败。此时还是得以朋友身份自居、含蓄地扮黑脸，表明来此谈判，主要就是为了带

回楚国陪嫁的芈月公主）

张仪：算了算了！我张仪初担大任，没想到连皇后交代的这点小事都没办成，真是惭愧啊！算了，既然你们执意要将楚国的公主留下，那我们方才的交易就一拍两散，我这就回去，您就只当我没来过！（谈判的攻防与破局）至于今年义渠百姓过不了春天，又或是令王叔求我们秦王帮他夺回王位，这一切跟我张仪都无关！（明白地警告对方，这次谈判破局的损失很大，不仅人民没饭吃，连义渠王的大位都岌岌可危）

只见义渠的国师老巫，和义渠王交头接耳地进行内部谈判，义渠王坚持要留下芈月当王妃，老巫则表现出"孺子不可教也"的无奈。张仪也作势谈判破局，准备离场的样子，此举更激化义渠"内部谈判"的强度。

此时，义渠王忽然大喊："三千车，换那个女人！"（谈判再次展开进攻）

只见张仪气定神闲，缓缓地回应："五百车已是极限！"（稳定防守）

"没有一千车，本王不换！"顺着张仪的回价，义渠王语气坚定地直接让步了两千车。

"漫天要价，就地还钱，如果大王不想换，根本连这个价都不会出！"张仪理直气壮地回应。

116

"八百车不能再少了！"

"六百车不能再多！"（宛如菜市场买卖杀价的谈判攻防战）

义渠王怒斥："岂有此理，六百车都不够我们熬到初夏呢！"（用目前的困境来试着锁住自身立场）

"怎么熬不到呢？六百车粮食，再宰杀一些牛羊，不就熬到了吗？"张仪不仅回呛义渠王，并为他提供解决之道。（清楚了解谈判对手目前的处境与困境）

"宰杀牛羊？那我们明年吃什么？"义渠王大声回问张仪。

张仪将心比心地回答："义渠王与其把精力放在明年的牛羊上，不如把精力放在眼前义渠部族男女老幼已经饿空了的肚子上。"（处处站在对方立场，展现高度的谈判同理心）

义渠王实在说不过张仪，恼羞成怒当场起身拔剑要杀人："我杀了你！"

义渠众将同时站起来拔剑。

张仪毫无惧色地提醒谈判对手："杀了我，义渠今年至少得死一半人。"（谈判破局的代价，你恐怕承受不住）

义渠王：你以为我们只能跟你们秦国人做交易吗？（再次提醒对手：我有谈判的退路）

张仪和庸芮立刻也起身回击（对方站着，我也起立，不被对方牵着走）："我什么都没以为！我只是想提醒义渠王，这是眼前

成本最低、最划算的生意。"（告诉对手，谈判成局的成本很小但利益很大）

张仪乘胜追击地说："如果你跟赵人合作，卖掉你那些抢来的东西，且不说路途遥远，光粮食在路上就要耗掉一半。"

"更何况秦楚联姻，天下皆知，你抢来的那些东西，在书简上都有清单，我看谁敢冒着得罪秦楚两国的危险，收购你那些赃物，那可都是秦皇后的嫁妆啊！"（张仪以其精准内敛的文字，同理的心态，不卑不亢、抑扬顿挫地娓娓道来。巧妙地运用多种策略——诱之以利、动之以情、驱之以力，果真是辩才无碍的纵横家，神人级的首席谈判代表）

义渠王回头看老巫，得到肯定的讯息后，便说："好，六百车就六百车！"（抓大放小，见好就收）

张仪见义渠王立场松动，马上拉着庸芮说："大王英明！"（谈判下桌时要拿到承诺，好回去跟老板交差）

这是一个典型的双赢谈判。张仪只花六百车就达成谈判目的，带回楚国公主芈月。而义渠王兵不血刃地得到了六百车粮食，这场掳人勒索的无本生意，获得了回报，也算是赢家。

"张仪和义渠王人质赎回谈判"教我们的十件事：

1. **交换**：用六百车换回楚国公主芈月。

2. **承诺**：机不可失！为防对方反悔，张仪赶紧喊"大王英明"，取得承诺，完成使命。

3. **说服**：纵横家的谈判说服力，论理清晰，以守为攻，攻守俱佳，值得学习。

4. **底线**：注意！张仪的底线可不是六百车，而是"芈月平安活着回来"。

5. **信息**：张仪知道义渠王是赶走王叔才登上王位，而且并未杀害王叔，因此用王叔复辟来恐吓对方。王叔是否活着或是否会来找秦王帮忙并不重要，只要义渠王相信并害怕这有可能发生就好。

6. **内部**：义渠王跟老巫的内部谈判。

7. **实力**：秦楚大、义渠小，义渠要想与秦楚抗衡，需要利用手上的重要人质。

8. **同理**：张仪深入了解义渠人的现况，高度展现同理心。

9. **让步**：义渠王从一开始的三千车降到最后的六百车，共让了两千四百车；张仪从原来的五百车增加到六百车，也让了一百车，让再少也是让，"石头一块，很难谈判"。双方让步差额是两千三百车，让步是诚意，让多少是本事。

也许秦王的命令是不惜代价，一定要把芈月平安带回来，这不是钱的问题，是面子，更是情感。但张仪只用了六百车就圆满达成任务，难怪回秦国后，封侯拜相、锦衣玉食，不在话下。

10. 双赢：最终秦国谈判代表张仪不费一兵一卒，带着健康的芈月全身而退，顺利完成秦王交代的人质谈判任务，建功领赏；而义渠王拿到六百车的"辛苦钱"，也算是对弟兄和族人们有个交代，喂饱大家的肚子，建立领导的威望。

谈判就是：利益交换，各取所需；创造价值，寻求双赢。

谈判的出牌

无论谈判的开场是开高或开低，硬出牌还是软出牌，都只是一种主观上的认定！

要不要先开价，先提案？我们常说，开高得高，开低得低，先讲先赢，操纵对方的期待！例如台北市大安区的预售屋每每一推出，就先标明每坪（1坪 ≈ 3.3平方米）至少200万新台币（约等于46万）以上。（建立谈判价格的心锚，把价格框住，我说了算！）如同LV包包或奔驰、宝马的定价，是一种品牌价值的象征。明确告诉有兴趣的买家，没有这样的财力，非诚勿扰！

当然，买方也可以出个价，投石问路，推推看，看他挡不挡？从对方的反应或让步方式，去推测其底线，并据此调整我方期待，修正我方要求。

谈判姿态高，硬出牌：先声夺人，展现自信；

谈判姿态低，软出牌：诱敌深入，展现诚意；

谈判姿态持平，理性地出牌：依照可靠较公平的谈判标准，展现公平。

谈判的攻防

如何应付对方的要求？

如果预知对方会强硬出牌，我们可以先发制人。先挑明："如果他'亮爪牙'的话，我们将会怎么做！"（交互式）或是"不管你如何，我都如何！"（重复式）但是也可以有多种应对策略。

如果他凶，我就软；如果他软，我就凶。（人性大多是欺善怕恶的）

如果他凶，我就凶；如果他软，我就软。（以牙还牙，以眼还眼）

势均力敌的时候，提出还价，有时候各说各话，这是有时间但没有交集的谈判。无论如何，最好给彼此留个回旋空间，多些弹性，来日好相见！

八、下谈判桌的"让步与收尾"

谈判让步的三个基本原则：

1. 幅度递减

$8 \to 5 \to 3 \to 2$（✓），越让越少，表示让到底线，不能再让了。

$2 \to 3 \to 5 \to 8$（×），越让越多，表示你一定很急，你急我就不急。

2. 次数要少（3 至 5 次为宜）

30 万分成 3 次让（✓），让得谨慎、合理，有次序。

30 万分成 10 次让（×），让步跟母鸡下蛋一样，让对方以为一定还可以再杀价！

3. 速度要慢

让步的速度太快，对方会认为你很急，有让步的本钱。我方让步次数多，对方的期待会升高；我方让步速度慢，对方的期待会降低。

如果谈判僵持太久，对方对谈判丧失信心的话，记得适时让一点，保持谈判的动力。不能让对方感到绝望，永远要让对方对谈判结果充满希望！就像在雪山隧道开车一样，在黑暗中要想办法让对方看到隧道另一头的光亮。

谈判的收尾，可用"期限压力"逼对方做出决定，态度要合理且认真。根据谈判学者的研究发现，80%的让步，是在最后20%的时间出现的，所以我们要用期限压力去逼出这80%。期限是否可以延长，就要看你用什么来跟我换。至于谈判收尾时，要不要或能不能提出一个"不算太大的要求"来"贪小便宜"（回马枪）？或是，我们要不要接受，或勉为其难地接受对方在谈判收尾时的"贪小便宜"呢？

常见到房子买卖双方已经谈好价钱，要签约之际，这时买方忽然跟卖方说："郑先生，很高兴有缘买到你的房子。这样好了，我看客厅的家具你应该用不到吧？不如就留给我算了，你说好吗？"

这时郑先生应该要如何反应或回应呢？如果本来就不想要的话，刚好做个顺水人情送给买方。但如果这套家具是意大利进口的，或是祖传留下来有特殊意义的呢？有些买卖就因为最后的"贪小便宜"谈不拢、谈不好，终告破局，徒留遗憾。

谈判收尾时遇到对方的回马枪，想要贪小便宜的话，先平心静气地好好想想，若是"这次谈判所得"足以弥补"今日或今后可能所失"，和气生财，也许就让给对方吧！

但若觉得这次谈判前面已经让了很多，很吃亏了，此时对方想再"贪小便宜"，实在是得寸进尺，"是可忍，孰不可忍"，立刻翻桌，但不一定要马上走人。让对方看到你的怒气，要知道做人不能欺人太甚，赶紧打消这个念头，生意也许还有得做，这也是一种谈判的攻防！

收尾时小让一步，让对方"回得了家"。出其不意，突然让一个大的给对方，可以加快协议的搞定，让双方尽快回家。问问自己，你要"广结善缘"还是要"坚守原则"？人生常常没有对错，只是一种选择罢了。

谈判的让步与收尾

清朝康熙时期的大学士张英（清朝名臣张廷玉的父亲）的家人重修府邸时，因院墙与邻居吴氏发生争执，所以写信给当时在北京朝廷当大官的张英，要求他利用权势影响力疏通关系，让当地官府帮家人撑腰，好赢得这场官司。张英阅读完信件后，提笔回信并附诗一首，一笑置之。

千里修书只为墙，让他三尺又何妨；

长城万里今犹在，不见当年秦始皇。

这首诗的含义是：为了修老家的这座墙，你从千里之外的安徽桐城市写这封信给我，其实就算我们把外墙往后推，让邻居三尺又有什么关系呢？你看看万里长城现在依旧竖立着，而当年下令建造它的秦始皇早已不在这世间。

张英提醒家人，人生在世有如沧海一粟，修墙这件事可以礼让邻居，不需要计较这么多。家人收到信之后，不仅不与邻居争地基了，当下更决定把院墙向后退让三尺。其邻居知道后，也向后退让三尺。两家之间便空出六尺，也就有了后来的"六尺巷"美谈，六尺巷因而得其盛名。

后来康熙帝知道了这件事，敕立题有"礼让"二字的牌坊，以彰谦让之德，这个化干戈为玉帛的故事流传至今。

谈判前后的八问六想

每次谈判前，问问自己：

- 你要什么？
- 你凭什么？
- 你会跟谁谈判？他们目的是什么？他们谈判的实力如何？
- 你对于对方有什么期待？
- 你打算说什么？
- 你要如何回应对方说的话？

- 你愿意而且能够做出哪些让步?

- 如果谈判陷入僵局，你将说什么?

每次谈判后，立刻检讨:

- 目标达成了吗? 如果没有，为什么?

- 什么地方谈得好? 什么地方谈不好?

- 如何再来一次，我怎么做会更好?

- 想想今天谈判对手的样貌和表现如何?

- 有没有把谈判的重点记录下来?

- 应该如何排定下次会议的进度和时间?

第三篇
谈判的五大元素

一、"人"的谈判元素

性格

一位老太太因为先生没有顺利申请到保险理赔，为表达不满，竟推着老先生的轮椅到保险公司的服务中心，大喊："既然你们不理赔，那他就留给你们照顾吧！"话一说完，人就跑离现场，留下轮椅上茫然的老先生和当场呆住的客服经办人员。服务中心资深主管林主任见状，二话不说马上叫人打电话报警，十分钟后，老先生连同他的轮椅一起被推往警察局。

亲爱的读者，换成你是林主任，也会如此果断报警处理吗？还是派人去把老太太追回来再好好谈谈，晓以大义一番呢？这不一定有标准答案，但如果这位老太太事先有做好功课，就会知道在这家保险公司服务已满 32 年的林主任，向来是一个刚正不阿、疾恶如仇、说到做到且深受同仁爱戴的主管。

若是把老先生推到其他服务中心，也许还有机会谈谈，但推到林主任的地盘，就只能去警察局把老先生领回！

你的个性是"得饶人处且饶人"，而我一向是"得理不让人"。请问同一件事，分别派你我去谈，结果会一样吗？检视下列五个特质，你具备几种，程度如何：

- 容易生气发火；
- 轻易退缩妥协；
- 充满自信，从不让步；
- 无法清楚表达自己的意见和想法；
- 喜欢发表意见，自己说个不停，不让对方说。

人无完人，但我们可以调整，让自己更好！

专家说谈判高手要保持一张"扑克脸"，这包括：

- 避免紧张和焦虑；
- 要尽力控制怒气；
- 调适失望和悔恨；
- 压抑兴奋与快乐。

简单地说，谈判要能做到"泰山崩于前而色不变""喜怒不形于色"的境界，就成功了一半。

几年前有个超强台风直扑台北而来，造成北部地区很大的财产损失。我的好友 Daniel 在台风来袭之前，把车子停在台北市大安区某栋大楼旁的停车位上。当台风远离，他要去开车时，才发现大楼外墙的大理石砖被狂风吹落，不偏不倚地把他的车子砸个稀巴烂，还好人不在车上，否则财产险、寿险要一起理赔。

Daniel 这部车子是才刚买一年多的沃尔沃二手车，性能良好，当初的二手价是 12 万新台币（约等于 2.8 万元），加上维修费，也差不多要 16 万新台币（约等于 3.7 万元）。

亲爱的读者，问题来了：

1. 车子被台风吹下的大理石砸烂，要找谁算账？台北市市长？对不起，这跟他无关！冤有头，债有主，理赔谈判对象应该是大安区这栋大楼的所有权人，或是以大楼管理委员会为代理人。

2. 换成是你，要赔多少你才能接受呢？我问过很多学员，大家脑中的数字都不大一样。有人说："不多不少，赔 16 万新台币就好"；有人觉得："这结果是天灾造成的，不是所有权人可以控制的，不如各负担一半责任，赔 8 万新台币（约等于 1.8 万元）结案。"

我去台北市仁爱小学家长成长班演讲时，有一位坐在最后面的年轻妈妈举手说："应该要赔25万新台币（约等于5.8万元）！"大家都回头看她，我也很好奇地请教她为何一口气要25万新台币？她回答说："如果我是车主，看到爱车这样，心里一定很受伤，需要一些精神慰抚金！"现场鸦雀无声，沉默了5秒钟……

究竟赔多少，每个人心中有自己的一把尺，重点是：跟谈判对手心中的那把尺，不能差太大，否则，就要以"谈判"定高下。

哦！对了，差点忘了把大楼管理委员会主委留在车上的纸条告诉大家：因台风刮落砖墙，砸坏您的爱车，十分抱歉。有关赔偿问题，本大楼将全权负责。

亲爱的读者，换成是你，看了这张纸条，你心中的数字是往上增加，还是会自动降价呢？问了很多人，大多数的学员都选择往上加码，理由很简单："因为对方的心肠软、姿态低，不加价实在对不起自己！"也有例外要主动降价的，理由是："既然对方这么有诚意，我也应该要有所回应。"

换个角度想，若车上留的字条写着"限你今天之内把车移走，否则后果自行负责！天道盟龙虎堂堂主亲笔"，你是不是就会乖乖地尽快把车移开，而且不再要求赔偿呢？这无关对错，只是人性。

Daniel 最后跟对方要求的赔偿金额是 20 万新台币（约等于 4.6 万元），让对方有砍价的空间，就算砍一半，也还有 10 万新台币（约等于 2.3 万元）。根据大楼住户开会讨论的结果，只愿意负担 10 万新台币的赔偿，但由于大楼管委会主委自觉愧疚，便自掏腰包加码 6 万新台币（约等于 1.4 万元），共 16 万新台币（约等于 3.7 万元）赔给 Daniel，谈判协商成立。

当我正要恭喜他很幸运遇到"有钱的好人"时，Daniel 补充说明："我把这车拿去报废，政府又补偿我 1 万新台币（约等于 2 300 元）。"我没什么好说的，只让他请了那一顿午餐就算了。

各位读者，这位管委会主委是位难得遇见的善心、有钱的好人，但这种人只能巧遇，不能强求。性格决定你是谁，也决定你在谈判中的取舍和得失！

能力

"谈判能力"包括倾听力、同理力、亲和力、观察力、沟通力、说服力、情报搜集力、逻辑思考力、策略规划力及局势掌控力。

《协商》（*Negotiation*）是韩国首部以协商、谈判为主题的犯罪娱乐片，叙述一桩发生在泰国的人质挟持案件。在片中谈判专家河彩允（孙艺珍饰）必须在绑架犯闵泰久（玄彬饰）要求的时间内，凭借协商谈判技巧救出人质。

电影一开始，休假准备辞职的谈判专家河彩允紧急被警局召回，负责与绑匪进行谈判。由于视讯电话中的对谈，绑匪闵泰久在电话中询问河彩允的三围，态度非常轻佻不尊重，河彩允马上挂断电话，切断与绑匪的沟通渠道，并指示警方不要马上接电话，否则将被对方牵着鼻子走，予取予求。（局势掌控力）

但是，当她看到谈判组的长官郑组长成为人质出现在视讯电话上，而绑匪在屏幕上拿着手枪玩俄罗斯转盘的游戏，郑组长的生命陷入千钧一发之际（观察力），她马上表示要跟绑匪聊聊，不仅放下身段表达歉意，更主动告知三围数字，并强调如果之后有约会的话，会先减重一周，以表诚意。（展现亲和感及能屈能伸的沟通能力，即谈判的变通与弹性。）

绑匪要求谈判专家能够相互无丝毫隐瞒、坦诚相待，河彩允的回复是："若想坦诚相待，请先把手上那把枪收起来！基于这样的险恶环境下，恐怕不好坦诚相谈吧？"（谈判的同理与倾听）

绑架犯闵泰久答道："如果不能谈的话，莫非要放弃郑组长？"

谈判专家河彩允回复说："请给我机会，好让我们不选择放弃！"（谈判说服力）

在她的坚持下，闵泰久叫手下把枪拿走，以便展开谈判。初试啼声，河彩允展现了女性谈判专家的能力与魅力。

关系

常听人说："有关系就没关系，没关系就有关系。"问问自己，谈判时你希望跟对方认识还是不认识？熟还是不熟？关系好还是关系不好呢？答案见仁见智，真不好说。

就像公司内部谈判一样，面对跨部门的同事，就算你有盖世的九阳神功，也顶多只能用到第三重，再上去杀伤力太大，最好别轻易使用。因为大家离开谈判桌还是同事，还要见面，甚至一起吃午餐，谈判的力道就不易展现。要是你在跨部门谈判时不讲关系、不顾情面，不仅使出绝招，而且还是必杀绝招，纵使这场谈判赢了，日后见面也难了，后果请自行负责。

基金不认赔的高龄客户谈判事件

张阿姨是银行的资深定存客户，虽然满头白发、年事已高，但讲起话来铿锵有力、声音洪亮。不认识她的人，完全看不出来她今年已经 85 岁高龄了。然而，计算机上的个人资料是骗不了人的。

根据主管机关规定，基于保障投资理财环境中的弱势族群，凡是年龄 70 岁以上、教育程度为初中毕业以下，或有全民健康保险重大伤病证明的客户，银行业者不宜主动介绍属高风险的基金产品，且于受理开户时，银行应确实审慎评估客户的投资知识、投资经验、财务状况及其承受风险程度。政府尤其希望银发族的投资理财以保守为宜。

担任外商分行经理的 Ruby 已三令五申地提醒过："银发族理财，首重保守与稳健，高龄投资人不宜买基金，理财顾问们切勿因小失大。"Sam 身为张阿姨的专属理财顾问，禁不起老人家一再表示想买基金赚点零用花，或是帮孙子存点学费的积极理财企图心，还是协助她买了一档海外基金。

结果运气"超好"，一买就跌，跌到第三天，张阿姨说话了："其实我本来并不想买这笔基金的，都怪你们理财顾问 Sam 一直跟我说这只基金很安全，稳赚不赔。我看他年轻热情又专业，想做个业绩给他，结果赔这么惨！我不管那么多，反正你们银行要负全责，把我买基金赔的钱全都还给我。我这么老了，要是你们不赔钱，我就去金管会申诉你们！"

Sam 听了只有三声无奈，非常懊恼自己没听经理的话，不遵守银行规定，硬是卖基金给张阿姨，现在悔不当初。但问题不是后悔就可以解决的，身为主管的 Ruby 难辞其咎，只好挺身而出，邀请张阿姨来经理室坐坐，"喝咖啡，聊是非"。

而这一坐就坐了近一个月，不只"喝咖啡，聊是非"。Ruby 从张阿姨小学一年级开始聊起，甚至还要陪阿姨唱歌，年代追溯到帽子歌后凤飞飞和宝岛歌王洪一峰。Ruby 说，当时想不出其他办法，只有分散阿姨注意力，增加自己对阿姨的亲和力，才能拖延阿姨去金管会申诉的时间，以拖待变，等待这只基金反弹回升。

机会是给准备好的人，三个星期后的某一天，Ruby 发现基金的净值已经回复到接近张阿姨购买的成本价，在跟区主管讨论之后，决定跟张阿姨摊牌谈判，要求她今天就赎回基金，若仍有损失，则由分行来支付差价，保证不让客户亏一毛钱。但若阿姨今天不做赎回的动作，则要求她签保证声明：之后不管是赚还是亏损，都由张阿姨个人全权负责。"

一方面这些日子以来，分行经理 Ruby 早已成为张阿姨的好朋友及歌友，有一定的信任感；再者，如果现在赎回，无论如何阿姨都能安心地完全把投资基金的本金拿回来，这就是她的抗争目的，既然达成了，何乐而不为？于是张阿姨便答应当天赎回基金，毫无损失地拿回基金投资本金；而银行不仅不用赔偿张阿姨的投资损失，主管 Ruby 和理财顾问 Sam 也不用再承受随时会被客户申诉的精神压力与折磨。

至于金管会，从来就不知道这件事，政府长官们就不用花心思和力气在这个案子上。这不只是双赢，而且是多赢局面。

Ruby 用"拖字诀"来处理本案，就谈判而言，她放下身段，放低姿态，拖延客户向主管机关申诉的时间，等待基金回本的那天。让人不禁十分佩服其谈判身段柔软，也替其捏了一把冷汗。要是基金无限下跌，又该如何处理呢？还好结局皆大欢喜，大家都全身而退，尤其是 Ruby，不仅谈判功力大增，歌艺也精进不少，是本谈判案例中最大的赢家。

阵营

谈判是个局，不只一对一、面对面上桌谈判。从纵向来看，我们背后通常都有一个部门、一家公司、一个集团，好几层级的长官和老板；从横向来看，我们有队友、盟友或战友，对手也是如此。

在英国脱欧谈判中，我们看到由首相特蕾莎·梅，率领内阁大臣所组成的英国队，在谈判桌上遭遇由德国总理默克尔及法国总统马克龙所带领的欧盟联军，两大阵营唇枪舌剑，刀光剑影，在谈判桌上厮杀。

回顾二战英国首相丘吉尔所遭遇的内部谈判，是由他一人面对所有执政党同志组成的"主和谈判阵营"，在"是否接受对德国希特勒的和平谈判"议题上做攻防；对外则是英国对上当时的轴心国（以德国、日本、意大利三个国家为中心的阵营）所欲进行的"停战和平谈判"。

广义解释，阵营还包括了新闻媒体、利益团体和广大社会民众，在这个万物皆联网的时代，上谈判桌要特别小心，也许全世界都在看。

买卖双方都不买单的谈判

有一个真实案例，一份日本租屋双方的合约上，未注明某一笔款项应由谁付，商用不动产中介也疏于提醒，以至于各说各话，没人要负责这笔 50 万日元的款项，结果就形成一个僵局。

商用不动产公司的董事长 Kelly 跟我说，她公司业务同人搞出这个乌龙费用事件，无法善了，只好由她亲自出马。她的做法是：先找到承租方诚恳致歉，表明这笔费用当初中介业务员没讲清楚，得要双方各分摊一半的成本。

再跟出租方联系，说明这笔未解释清楚的费用，按照日本买卖习惯，原则上是要由出租方全额支付，不过我们愿意去跟承租方沟通，看能否多少也负担一些，但无法保证一定可行。

最后承租方付了一半，出租方也付一半，双方都能接受，尤其是出租方有种赚到的感觉。房屋中介公司分文未付，即处理好这笔乌龙费用的事件，令人佩服！

重点是，由商用不动产公司董事长Kelly亲自出马跟双方沟通协商，依照过去合作十年的良好关系及信任度，双方都愿意接受Kelly的善意建议，顺利完成这次成功的"乌龙款项谈判案"。

二、"事"的谈判元素

议题

上谈判桌前问问自己：我这次谈判的重点是什么？有几个主题或事件要谈？有哪些问题需要解决？

比如，英国脱欧谈判的主要议题包括：英国脱欧分手费、欧盟公民在英国的权益、爱尔兰边界问题、脱欧之后英国与欧盟的关系等。而中美贸易的谈判议题包括：中美贸易逆差、美国遏制中国崛起、人民币汇率升值、关税问题等。

📋🔍 柳暗花明又一村的五星酒店房价谈判

2017年年底，我应管理顾问公司邀请去宜兰礁溪，帮神脑国际的绩优门店人员及主管们上课。主办单位不愧是大陆知名手机品牌商，出资奖励神脑绩优伙伴所办的课程活动、住宿及上课地点就选在该年 11 月 3 日才刚开业的五星级酒店——礁溪寒沐酒店。

课程时间是周六早上 10 点至 12 点，原本想一大早开车直奔礁溪，但无巧不巧，突然接到南澳乡长的电话，邀请我再次去跟南澳乡公所的伙伴们分享课程，而时间就恰好订在礁溪上课前一天（周五）的下午时段。跟前面提到花莲的课程一样，变成连续两天的课，只是第一天是在南澳乡公所，第二天则是在礁溪寒沐酒店。

计划赶不上变化！通常情况有所改变，计划就会有所不同。难得去新开业的五星级的寒沐酒店上课，让我动了顺便带太太和儿子去住一晚的念头，打算在南澳乡公所讲到四点半就驱车前往礁溪。第二天享用完丰盛的自助早餐后，他们母子去寒沐的"乐未央儿童游戏区"，我可轻松去讲十点的课。既不用一大早开车赶路，也顺便让家人享受五星级全新酒店的房间、设施与乐趣，难得工作与家庭兼顾，不亦快哉！

最后只有一个问题，寒沐酒店是礁溪全新开业的五星级酒店，住一晚的价格是 1.285 万新台币（约等于 3 000 元），跟这次上课的讲师费差距不大。为了争取较优惠的价格住进寒沐酒店，我在纸上列举了四个理由：

1. 好友们建议我："最近来礁溪的话，有机会一定要住全新开业的寒沐酒店！"

2. 住寒沐酒店有助于我第二天早上神脑国际的课程准备与进行，轻松且方便。

3. 难得讲课又可以顺便带家人来寒沐酒店游憩，心之向往。

4. 寒舍餐旅集团的形象与口碑，是行业中的佼佼者，寒沐酒店想必也不同凡响。

但无论打电话到礁溪问个人订房价，或是打电话去台北问团体住宿价，并表明我是来给神脑国际企业授课的讲师，还诉说了以上四点理由……电话中订房服务人员回应的声调、语气、内容和结果都一样："现在预订，我们顶多给您早鸟优惠价，一晚9 753新台币（约等于2 300元）。很高兴为您服务，谢谢您的来电。"

虽然这样节省约3 097新台币（约等于700元），但我仍不满意！因为我有上次花莲五星级酒店住宿谈判的经验及心锚。其实我很清楚花莲和礁溪酒店的地点不同，价格会有落差，酒店新旧与人流量等因素亦要考虑进去，所以一开始心中理想的数字，是只要能谈到一晚8 000新台币（约等于1900元），我就愿意买单！

但在连续碰了两个软钉子之后，挂掉电话我问自己，有必要花时间和精力去争取这1 753新台币（约等于400元）的差价吗？对我而言值得吗？当时的领悟和觉知是：通常人们杀价谈价，不一定是没钱，而是一种感觉，这也是一种贪小便宜、得寸进尺的谈判心理。

念头一转，只好跟自己说，就算价钱没得谈，能带家人体验一晚全新的五星级酒店也挺值得的，早鸟价就早鸟价吧，有总比没有好。

正当要放弃谈判议价时，我忽然想到：也许可以麻烦主办单位负责订房的同人帮我订一间房，价格应该会比较优惠，反正我自己会买单，不会太麻烦对方。于是我请管理顾问公司的人帮我跟对方提出"代订一间团体房"的请求。若没有多余的团体房，就订早鸟房吧！

心里这样想，感觉也比较踏实。没想到过了一星期，主办单位的回复竟然是："我们预算还够，可以直接提供一个房间，让郑老师不用在周六一大早从台北奔波赶来礁溪上课，毕竟万一塞车迟到，对大家都不好。同时也欢迎老师提前一晚带家人先来享受一下寒沐酒店的精致与低调奢华风。"

当下我内心的想法是："还好，之前没谈成 8 000 新台币的优惠房价，不然我们怎能体验这意外的惊喜呢！"

这例子告诉我们，有得谈总比没得谈好，谈判得失别看太重，尽力就好。有些时候就算一开始不尽如人意，但"塞翁失马，焉知非福？"

选项

每个谈判的议题，大多涵盖了不同的选项，而每个选项又蕴含了不同的战术与战略。该怎么做、怎么选，如何取舍才能让双方愿意签字，下得了谈判桌，有一条"回家的路"，对双方阵营或老板交代？

📑 并购谈判的困境

在电视剧《谈判官》中，美商耶普和中国快闪是专车市场的两大叫车软件龙头，原本要在纽约谈合并，但快闪的老板陈总临时喊停，拒绝继续谈判。代表美商耶普的律师，只好请到国际商业谈判机构的谈判官童小姐来协助进行谈判。

童小姐先播放了一段录音给陈总听，内容是她录下与出租车司机的对话，在恶性竞争下，为了多赚些钱，虽然童小姐用的是快闪系统叫车，但司机要求她也在耶普叫车系统下单，这趟车费会算她便宜点，如此一来，司机便可以同时拿到两家公司的补贴（司机与乘客的谈判——利益交换，各取所需）。道高一尺魔高一丈，两强竞争下，便宜了脑筋动得快、会钻规则漏洞的司机。而陈总后悔跟耶普合并的原因是，若两强合并之后，只剩耶普一家独大，对市场并不是件好事。

童小姐解释："我是来帮您的，也是来帮助我自己。若是两家长期斗下去，只会两败俱伤！到时专车市场不复存在，不是难为了我们这些叫车的人吗？我相信这样的结果，也不是您想看到的。我想您做得这么辛苦，肯定不是为了钱，对吧？"（温情喊话，动之以情的谈判说服力）

"一家独大是不好，但两败俱伤也不是您想看到的，对吧？"（谈判的选项）

"其实合并以后，您还是有很多事情可以做的！我只是希望您能给自己一个机会，也给我们这些用户一个机会，您觉得呢？"（创造价值，寻求双赢）

最终陈总被童小姐说服，决定还是与耶普签约，完成此次的合并谈判。

利益

我为何来谈判？我要得到的利益是什么？

他来谈判的目的又是什么？他的利益包括哪些？

《孙子兵法》中提到："合于利而动，不合于利而止。"

有利益才上桌谈，不符合双方利益，则没什么好谈的，即谈判中止或破局。

诚意的重要性

日本电影《交涉人》一开场就是剑拔弩张、紧张万分的警匪对峙场景、在警方重兵团团包围之下，一名绑匪用手枪抵住人质的脑袋，呵斥警方不顾人质的安危，30分钟过去却未能满足自身的需求。千钧一发之际，只听见一阵清脆的高跟鞋声由远而近，一位女性交涉人（谈判专家）冷静沉稳地出场。她首先表明自己的身份及姓名，一开口就带着笑容，指着自己的头对绑匪说："头部受伤啦？没事吧？"（谈判，要能展现亲和感与同理心）

但当该歹徒口出恶言并不领情时，她马上改变策略，直接跟绑匪首脑联系。（谈判要找到 keyman）

当电话接通，她直接表示歉意："对于迟延回复这件事，我很抱歉！我们在努力准备，但是一下子要调来一辆可以乘载50人的车子比较困难；如果要可载20人的车子，马上就可以调来！"

绑匪首脑回答："是吗？"

女性谈判专家马上补一句："另外，请释放不能上车的30位人质，如何？"（谈判就是交换）

有看过好莱坞电影中，歹徒攻进美国白宫劫持人质的读者，一定对这样的情节不陌生：当恐怖分子要求美国政府在一小时内，提供一部加满油的直升机停在白宫草坪上时，美国联邦调查局（FBI）反恐小组的谈判专家会如何回应？他们通常会这样说："一个小时太赶了，实在来不及，请给我三个小时，我尽力提供，好吗？"或是："加满油的直升机没法马上调过来，我尽力提供一部加满油的面包车给你，好吗？"

亲爱的读者，换成是你，你可以接受他们的请求吗？我问过很多学员，大部分表示也许可以接受或考虑。但如果他们这样说："加满油的直升机没法马上调过来，这样好了，我可以马上提供10台自行车给你，这是我们最大的诚意了，如何？"

不啰嗦，很快就会听到枪声，也许国防部长就会被抓出来，作为美国联邦调查局"缺乏谈判诚意"的代价。

这就是谈判，"交换不对等利益或价值"的东西，对方也许不太满意，但你得拿出诚意，让他相信这对他有利，至少要让对方愿意勉强试着接受才行。

顺序

在所有谈判议题当中，要仔细思考，我的优先级是什么？

什么是我没拿到绝不会签字的东西？也就是我的"must"。

什么是我很想要，但是勉强可以跟对方换的？这是我的"want"。

一开始就设定可以给对方，以展现诚意和亲和力的东西，是我的"give"。

就像买房子一样，你的"购屋需求"是什么？通常买方会希望光线充足、方正格局、视野良好、通风透气、交通便利、空间增值、价格合理，最好还要是明星学区，但有时到最后发现"八字不合"，就立刻放弃。所以八字风水，常常是买方的"must"，"八字不合"绝不签字！

谈判的议题、需求或利益有很多，你必须抓大放小，清楚知道自己到底要什么。

以英国脱欧谈判为例，欧盟希望先谈几百亿英镑的"分手费"补偿金，但主动提出脱欧的英国却想先谈双方"分手后的关系"。谈判立场不同，利益不同，想谈的顺序不同，结果当然也会不同。

📄 第一年免费的租约谈判

银行张副总带领的团队业绩蒸蒸日上，最近想换一间更大的办公室以拓展业务。目前银行部门办公室位于一栋商业大楼的六楼，张副总得知同栋较大坪数的九楼已经空在那里好几年了。

重点是，八楼原本出租给酒店，两年前因为一场无人伤亡的小火灾，酒店早已搬走。但那场火灾的浓烟往上窜，把九楼弄得漆黑一片，房东就更不好租出去了。

张副总的盘算是：

1. 房东应该是有钱人，并不急着把房子租出去。

2. 对有钱的房东而言，通常房客的素质比房租更为重要。

3. 房东是租给银行，不是租给张副总个人，而银行通常是优质房客，对房东而言，这笔租金应该是符合市场行情且稳定可靠的。

于是他去拜访房东谈租约："林妈妈，我们出租房子，其实房客的素质是最重要的，您说是吗？我自己也当过房东，我了解找到一位好房客的重要性。您租给我们银行，让我们帮您照顾好房子，保证让您安心又放心。"

林妈妈点头表示认同。

"不过我们部门如果搬上去，我准备要好好重新装潢新的办公室，九楼有好几年没人使用，而且室内都还有之前楼下火灾所造成的烟熏痕迹，装潢费用肯定不会太便宜。其实我们还有找到别的地方也很不错，只是因为您房子就在我们目前办公室的楼上，搬家会比较轻松简单。这样好不好，我们签"3 + 1"的租赁合约、第一年您别跟我收租金，让我好好装潢您的房子，还您一个美轮美奂的新屋。同时，要如何装潢我也会尽量参考您的想法或建议，相信这绝对是一个对我们双方都好的诚心建议，一份互利的租赁合约，您说好吗？"

林妈妈想了两天，终于答应了张副总的谈判条件，把九楼出租给银行。

第一年免费的租赁谈判心得与学习：

虽然张副总很谦虚地说，这次谈判成功，天时、地利、人和缺一不可，譬如说刚好之前八楼的火灾，重创了房东九楼房子的外观及屋况，让承租方掌握了有利的谈判筹码。但事实上，这个双赢成交的租赁谈判案例，有三个值得学习的谈判技巧：

1. 知彼知己，是谈判成功的关键！对不缺钱的房东林妈妈而言，房租不是首要考虑，即便空在那里也无所谓。但"找到好房客帮她照顾房子"是非常重要的，因为她不想找麻烦，也会比较安心。而银行在大多数房东的眼中，都是难得的好房客，谈判需求的顺序很重要！

2. 房子若不出租，空在那里养蚊子，随便又是一年。今天难得有承租方愿意认真地出钱出力，帮忙装潢整理房子、让老旧的房子获得新生，对房东而言，这种失而复得，愉悦心情的价值、恐怕远超过一年的房租收入！

3. 在景气低迷的社会环境下，有能力租这么大空间的房客，可遇而不可求，银行可以找到别的地方承租，但林妈妈不一定还能找得到这么有诚意的优质房客。

谈判重点：谁有退路，谁就占上风；谁的退路又多又好，谁的胜算就高。这个原则，放之四海而皆准！

三、"时"的谈判元素

时间：充分布局

何年、何月、何日、何时谈判？要谈多久？预计谈几回？谈几轮？下次谈判的日期是什么时候？为这次谈判酝酿了多长的时间？我们有没有时间压力？对方有没有时间压力？谈判未必一次就谈成，有时要做好长期抗战的心理建设和充分准备。

时机：伺机出牌

谈判时间点的选择，何时出手？

古人说："十年磨一剑！"十年是"时间"，一剑是"时机"，也就是说，长久地等待和付出，能等到合适的时机。磨几年不是重点，把剑磨好磨利后的出手点才是重点。"时间"是努力的付出，"时机"是智慧的结晶。

好的时机决定了一场胜利

2016年6月24日，华航首开先例，创下台湾史上第一次空乘员罢工事件，虽然只罢工一天，却造成华航约五亿新台币（约等于1亿1千600万元）的损失。

事后，当时的行政院长林全回忆，这是个政府失败的谈判案例，除了谈判内容的沟通协调有待商榷之外，连林全院长都没想到"华航空乘员这么快就罢工"！

兵法有云："兵贵神速。"但华航空乘员的谈判大胜利，速度不是重点，时机才是重点。

当时上任第一天的华航何董事长，对于空乘员的七项谈判要求全盘接受。换作任何人担任华航董事长，刚上任还搞不清楚状况，就要在时间压力下解决空乘员首次罢工这个"烫手山芋"，恐怕也会照单全收吧？

换作是您，会怎么做呢？面对问题，除了谩骂之外，其实还可以多想想。"时间"是努力，"时机"是智慧，留得青山在，不怕没柴烧。

《孙子兵法》说："夫兵形象水，水之行，避高而趋下，兵之形，避实而击虚；水因地而制流，兵因敌而制胜。故兵无常势，水无常形。能因敌变化而取胜者，谓之神。故五行无常胜，四时无常位，日有短长，月有死生。"

这段话的意思是，用兵的规律像水一样，"水"是由高处往低处流，用兵的规律是"避实而击虚"；水因地形而变化其方向，用兵也要顺应敌情变化而克敌制胜。所以用兵没有固定的规则，就像水没有固定的形态一样。能依照敌情变化而取胜，可谓如神。金、木、水、火、土这五行相生相克，没有哪一个能常胜；春夏秋冬交替更迭，没有哪一个固定不移，日有长有短，月也有盈有缺。万物都处于一种流变的状态，能掌握形势、避实击虚，可谓用兵如神。

谈判的力量，就是一个不断变动的太极图。对手最强的地方，可能就是我的最弱处；而我的强项，也可能是对手的弱点。所以力量小的可以跟力量大的谈判，就看这次谈判谁有求于谁？谈判的力量常是流动的，看清局势非常重要。

从"赤壁"的诸葛亮，到"军师联盟"的司马懿，古今多少事，尽付谈判中。

"十年河东，十年河西。"这句话的典故是由于古代黄河常改道，故用来比喻人事的盛衰兴替，变化无常。接下来，我们看看三国时代家喻户晓、出神入化、最厉害的两位大军师：蜀国的诸葛亮和魏国的司马懿。他们在不同时期、不同情境、不同战役中，分别跟东吴的"老板"孙权进行重要且具关键性的两大结盟谈判，改变了历史和未来。

杜甫《八阵图》："功盖三分国，名成八阵图。江流石不转，遗恨失吞吴。"

这首诗的意思是：诸葛亮建立了三国鼎立盖世功绩，创造八阵图而闻名天下。江水东流也推不动他所精心布局的石阵，可惜刘备为了要替关羽报仇，攻打东吴孙权失败，前功尽弃造成千古遗恨。

诸葛亮的吴蜀抗魏生死结盟谈判

电影《赤壁》中，在东吴的朝堂外，鲁肃引领孔明进入前善意提醒："我家主公虽然年轻，但是有勇有谋，你可畅所欲言。只是那班老臣，就不太好对付了！"

孔明一坐下，便将满身的尘埃拍落，足见这次的结盟谈判有多紧急，马不停蹄，风尘仆仆地直接拜会孙权，寻求合作以抗曹操南征的八十万大军。只见孔明气定神闲地眼观四路，耳听八方，专心看用力听，分坐大堂两侧的文武百官，壁垒分明。

文臣说："这仗能打吗？不能打呀！曹操这次是真的来了，强弱悬殊，这仗怎么打呀？"

武将说："但愿他能提出破曹的良策啊！"

鲁肃只能尴尬地对着孔明笑。

此时，谈判的keyman出现了！只见孙权缓步而沉稳地走进朝堂，面色凝重、忧心忡忡、环视左右、不发一语！孔明聚精会神地仔细打量眼前这位谈判对手——东吴公司的年轻CEO。拍拍灰尘，孔明大步迈前，吴蜀生死结盟谈判正式开场！（谈判前，要尽力搜集谈判议题及谈判对手的相关信息，有备无患，知彼知己，百战不殆）

虽然那个年代没有搜索引擎，但孔明来之前，绝对打听过东吴当今的君主——孙权。（通过鲁肃、派来的间谍等人及江湖中的传闻得知相关信息）。知道他9岁时，父亲孙坚中伏身亡；19岁时，兄长孙策遭暗杀身亡，依兄遗言接替其位后掌事、成为江东地区的少主。孙权，尚未成年就当上公司CEO，年少便看尽人生百态，担当重任，乱军中不见慌张，大场面更显沉稳，深具谋略，并胸怀大志。

孙权：听说刘豫州在新野被曹操打得一败涂地？

孔明：新野之败乃因我主公仁慈，不忍放弃跟着他的黎民百姓，拖慢了行军的速度。

孙权：曹操带来了多少兵马？

孔明：水陆两军80万，正铺天盖地而来，目的不在我主公，志在东吴！（让我们一起把饼做大——整合型谈判）

孙权看了看左右两侧文武百官的反应，陷入沉思。

孔明：吴侯坐拥江东六郡，人才众多，如果决心与曹操对抗的话，及早备战！

文臣说话了："主公，不能打呀！老主公（孙坚）在世的时候，曾经再三地嘱咐老臣，万事莫如保全江东百姓，主公，不能打呀！"

孔明顺着这些老臣的话说："也对，投降也好，如果没胆量，早投降早好，免得大家终日惶惶恐恐。"（以退为进地嘲讽对方是贪生怕死之徒）

孙权问："既然如此，那刘豫州为什么不投降？"

孔明正气凛然，不疾不徐地回答："孔曰成仁，孟云取义。降或不降，不在得失，在气节！（诉说更崇高的动机，将本次结盟谈判向上提升到另一个层次）曹操自封为丞相，挟天子以令诸侯，专横跋扈，这次如果连江南都征服了，必篡汉称帝，那么降曹不就等于助纣为虐了吗？"

"我主公刘豫州乃堂堂皇室之后，英才盖世，天下仰慕，一生忠于汉室，若不成功，那是天意，怎能投降给曹操，终身羞耻，颜面何存？（孔明特别转头看这些反战的文臣）

"不过吴侯投降给曹操也不坏，最起码可以保住身家性命，曹操心一软，说不定还照旧让你统领江东六郡，何乐而不为？"

（孔明看出孙权非等闲之辈，乃人中之龙，铤而走险使出激将法）

孙权听到孔明的藐视，大为光火地走向他，鲁肃赶紧起身，欲护孔明，怕孙权一怒伤及孔明，毕竟他是蜀国刘备派来的谈判代表，不容有所闪失。

孙权怒问："你是说我比不上刘备？"

孔明：不！吴侯有吴侯的英明之处，异于常人，与刘豫州颇有相似。吴侯能治理这么大片的土地与人民，仅凭这一点，就比刘豫州强多了！（谈判时，要坚定立场，维持自己的尊严及地位，同时也要尊重对方的立场与地位，让双方尽量在对等的情况下进行有效会谈。）

孔明面对满脸怒气的孙权，神色自若，侃侃而谈，毫不畏惧。想必孙权心里也觉得百闻不如一见，诸葛孔明果然名不虚传，龙非池中物。

此时，谈判中的"专业白脸"，老好人鲁肃也跳出来说话："主公，诸葛先生早已胸怀破曹之策，不妨先听听他的意见。"

孔明：我主公虽然最近打败仗，但是，仍然有关羽、张飞、赵云和他们所率领的水军不下万人。如果还能够加上东吴的精兵猛将，两军结盟，必能变弱为强。（强调结盟好处）曹操虽领大军，但一半以上是降军，不够忠心。（从敌人弱点来提高结盟的胜算）而且长途跋涉，一日夜行三百里，早已累坏，正所谓强弩之末不能穿鲁缟。还有，北方人水土不服，更不善于水战，贸然来袭，岂不是自寻死路？"

孙权：你说得很有道理。

众文臣看情况不对，主公快被孔明说服要结盟合作打曹操，马上提出反对意见："主公，万万不可中孔明之计，我们反抗曹丞相是名不正、言不顺；我方若与刘备结盟，正好给曹操借口，不如擒杀刘备，作为献降之礼。"

武将此时也开炮了：应该先打后降，叫曹操也尝些苦头！

文臣：十万人对抗八十万人，这仗怎么打呀？

武将：苟且，统统是些苟且偷生之徒！

文臣：你放肆！

曹军未至，东吴内部自己人已先开战！攘外必先安内，内部谈判有时比外部谈判更显困难。

亲爱的读者，换成你是孔明，若是谈判对手内部争执不下、冲突升高，而做主的人暂时无法做主，你该怎么办？

眼见东吴文武百官各执己见的冲突对立情势高涨，孔明再进一步劝服犹豫不决的孙权："吴侯，我知道您是位韬光养晦的人，宝剑深藏已久，总该出鞘了吧？"（抓紧 Keyman，绝不轻易放手）

文臣哭喊："主公，这个诸葛亮是一心想把咱们往浑水里拖啊！老主公死前有交代……"

孙权再也忍不住地怒斥："不要再说了，这些话我已经听过很多遍了！让我再想想，再想想！"

孙权拂袖而去，虽然似乎功亏一篑，但诸葛亮的结盟谈判，其实已经拉开了精彩的序幕，其精辟的论述与坚定的信念，深深打动孙权的心，也让东吴的文武百官开始正视"吴蜀结盟共抗曹操"的议题。剩下的，只是时间问题，结盟谈判成功关键所缺的"临门一脚"，就是找到影响力中心的关键人物，东吴水师大都督——周瑜。

司马懿的吴魏攻蜀分化结盟谈判

东汉献帝建安二十四年（公元 219 年），刘备在夺得汉中后自称汉中王，拜关羽为前将军、假节钺，都督荆州。同年，关羽率军从江陵北上，发动襄樊战役。关羽率军进攻荆州北部的樊城，当时樊城是曹操部下曹仁驻守，曹操派左将军于禁进行援救。

于禁七军火速增援曹仁，关羽与于禁交锋。时至八月，大雨滂沱，山洪暴发，汉水骤涨，水淹七军，于禁束手就擒，部下几

160

乎全部投降。

关羽进一步围困曹军大将曹仁于樊城，并另派遣军队包围襄阳。而曹操所指派的荆州刺史胡修、南乡太守傅方反而投降了关羽。与此同时，自许都以南，曹操阵营治下的梁、郏、陆浑等地的盗贼皆回应关羽的印号，愿为其支党，关羽一时威震华夏。

1.司马懿勇谏曹操，如何退关羽（内部谈判）

司马懿：大王可邀孙权共同夹击关羽，以东吴之兵，抄荆州之后路，樊城之危自解。

曹操：孙刘联盟已十年，孙权又岂会出兵夹击关羽?

司马懿：大王，昔日孙刘之联盟，皆因大王大军压境，水无常形，兵无常势，今刘备羽翼渐丰，下益州，取汉中，却占据东吴荆州拒不归还，孙权有此强邻在侧，难以安枕！（谈判情境）关羽历来孤傲，孙权曾为子聘关羽之女，却遭关羽羞辱。建安十九年，吕蒙又夺关羽三郡，昔日之联盟，早已外亲内疏，岌岌可危。此时大王若邀孙权共讨关羽，孙权必乘虚捣关羽之后路，关羽首尾不能兼顾，必败！大王只需许诺，还其荆州，许割江南之地以封之，孙权必欣然应允。

曹操大怒："荒谬！还其荆州，许割江南，那荆州若入孙权之手，孤一统天下的大业何时实现？"

司马懿见曹操怒气中烧，意欲杀己，却无所畏惧地跪下继续说："大王，荆州乃一地得失，克成一统绝非朝夕之功，杨主簿（魏国谋士杨修，建议曹操迁都洛阳，并将汉献帝迁到邺城，以避免落入关羽之手）所建议，乃战术之法，绝非战略之道。可避一时之险，却恐误千秋之功业。孙刘联盟若不破，我魏国终陷两面受敌之困境。大王，千万不要忘了……（停顿不语）"

曹操：忘了什么？讲！

司马懿：大王，千万不要忘了，赤壁的前车之鉴！

好一个司马懿，不仅思虑周密，条理分明，切中要害，极富谋略，更知彼知己，深谙人性。他指出，吴蜀联盟，冰冻三尺，早已貌合神离；对孙权若能够"诱之以利"（还其荆州，许割江南）、"胁之以害"（刘备羽翼渐丰，下益州，取汉中，却占据东吴荆州拒不归还，孙权难以安枕）、"动之以情"（孙权曾为子聘关羽之女，反遭关羽羞辱）、"晓之以理"（魏王邀孙权共讨关羽），则樊城之危可解！

他更深知曹操的野心（一统天下）、性格（专横多疑，凡事以利益为最大考虑）与痛点（赤壁因轻敌遭吴蜀结盟大败），此番建议，必能说服曹操，改变战局。

果然，曹操遂令司马懿出使东吴，为吴魏分化结盟谈判代表。

2. 一鸣惊人，吴主孙权的谈判团队与魏国谈判代表司马懿的第一次交手（外交谈判）

东吴殿堂之上，司马懿奉魏王曹操之命，前来进行吴魏合作的结盟谈判。

孙权：要孤讨逆？不知逆贼是谁啊？

司马懿：荆州——关羽！（现场响起一阵轻蔑的笑声）

东吴重臣张昭："寿亭侯关羽，乃天子亲封之汉寿亭侯；荆州，乃我江东故地，岂有自家人讨伐自家人州郡之道理啊？"

司马懿：原来这荆州乃是江东的故地啊！那为何荆州的土地税赋，皆归关羽所有啊？建安十九年，吕蒙将军亲率大军征讨荆州，夺长沙、零陵、桂阳等三郡，自家的将军，为何要征讨自家的州郡？（司马懿振振有词，反将一军，令张昭一时答不出话来）

孙权亲上火线应答："关于荆州之事，只因多年纷争，边境守军一时误会，不足挂齿。荆州乃孤借与刘皇叔暂居，刘备乃孤之妹婿，一家之亲，两三年内自当归还，此乃孤之家事，不劳魏王挂怀。"话锋一转，"昔日魏王提兵与孤会猎赤壁，号称雄兵百万，想不是怕了关羽吧？"

163

张昭：恐怕魏王的百万雄师，早已化作江中的鱼虾啦！（现场又是一阵嘲笑声）

司马懿：赤壁一战过后，魏王常常感慨，若周郎还在，焉使刘备坐大？关羽，不过刘备一守将耳，尚且如此傲视江东，也许再过数年，荆州不得归还，恐江东之地，尽归刘备手中。魏王本想替将军扫清肘腋之患，可怎奈江东诸公却尽在梦中！一家之亲？（冷笑一声）敢问，关羽之虎女，不嫁谁家之犬子？（紧咬对方痛点，讽刺东吴孙权君臣，极尽挑拨离间之能事，司马懿果然不是普通人，有勇有谋有胆识）

孙权：曹公之意，还望司马来使，尽述其详。（司马懿知彼知己，以其句句到位、字字锋芒的谈判说服力，以及有条不紊的战局分析，加上不卑不亢的谈判态度与气势，让吴王孙权不敢再等闲视之，堪为"下对上谈判"的经典）

司马懿：下官不敢欺瞒将军，魏国此次征讨关羽，兵马共计四十五万，然关羽兵不过五万，船不过百艘，纵得一时之势，不过借天时地利耳，虽有一时之勇，却无后继之力。（低估关羽实力与运气）而我魏国大军，进可攻，退可守，纵然全军而退，亦无损伤。（高估魏军的实力与弹性）可关羽这五万大军若转而东向，将军于之奈何？关羽于我魏国，不过疥癣之疾，可于江东，却是心腹大患，其中轻重缓急，若诸公不能辨，岂非皆在梦中？（请

想清楚，危急的是你不是我，而我是来帮你的)

张昭：此言差矣！明明是魏王不胜关羽，差你来向我主乞兵，竟说成是为我江东着想，天下无耻之徒，可笑至极！

此时吴主孙权与座下吴国大将陆逊互使眼神，君臣两人的共识是：司马懿所言的确有几分真实性及可行性，可再进一步了解与谈判。于是，孙权终于起身了，趋前要将这个与诸葛亮相比毫不逊色，却在江湖上默默无闻的魏国谈判使者司马懿，好好看个仔细！

孙权：司马使者，好一张利口！我君臣还有待商榷，请使者先到驿馆等候。

司马懿：事关江东基业，望将军三思。

亲爱的读者，换成你是孙权，你会相信司马懿，背弃吴蜀之盟，与魏国夹击关羽，趁势夺回荆州吗？

会后，东吴名将陆逊代表孙权密访司马懿，做进一步的互信沟通，可谓确认共抗关羽结盟的前置谈判。

陆逊：江南十万精兵，百万民众，富庶之乡，长江之险，不知道魏王能胜否？

司马懿：这百万之民要皆变成守城之兵，魏王远到前来，自然不能胜。中原连年战乱，江东亦有大族之争。富庶之民，安居但厌战。江东，恐也无力北上吧？（谈判示弱）

陆逊：那仲达兄的意思是？

司马懿：共击关羽，以结盟好、彼此休战、以养黎民。（利益联结、谈判双赢）

陆逊：魏王想要休战吗？

司马懿：连年征战，吾国疲惫不堪，江东也是难以支撑，这才让刘备趁势而起。但他知无力北上，兵戈所向，又能指向何处啊？（谈判释出善意的亲和感，并提升对方的危机感）

陆逊：只是仲达兄用什么向吴国保证，这魏国没有南下并吞之意呢？难道你能做魏王的主？

司马懿：在下做不了魏王的主！

陆逊：那你要如何取信于吴侯呢？

司马懿：伯言将军，魏王已春秋六十有五了！

陆逊：仲达兄的意思是，可以为将来的太子做出担保？

司马懿：在下言尽于此！（谈判说话的艺术与艺境，点到为止，大家都是聪明人！不久的将来，是太子曹丕的天下）

陆逊：我明白了！（谈判取得承诺，好回去跟老板复命）

陆逊回去跟孙权报告，认为曹丕将继任魏王，而司马懿将是魏国掌权重臣，其言可信。

权衡利弊得失后，孙权做出决定，东吴背盟，遣陆逊、吕蒙偷袭荆州，关羽腹背受敌，兵败被杀。司马懿初试啼声之"吴魏分化结盟谈判"，不仅解除魏国樊城之危，更使吴国夺回荆州，并重创蜀军。谈判创造了双赢，有谈判（吴魏两国）绝对比不谈判（吴蜀两国）要好！

前面所述两场重要的经典谈判，其谈判代表分别是三国中最厉害的两位大军师：吴蜀生死结盟谈判的诸葛亮，与吴魏分化结盟谈判的司马懿。有趣的是，他们两位的谈判对手，恰巧都是东吴的孙权与他的团队。

孔明促成了吴蜀结盟，共抗曹魏的赤壁大战确立了三国鼎立的态势；司马懿不仅分化了吴蜀联盟，更成就了吴魏结盟，共击关羽，使其不仅大意失荆州，更因此丢了性命，造成日后刘备率大军来找孙权报仇的夷陵之战，不在话下。

不管是千古军师诸葛亮的"生死结盟谈判"，还是大军师司马懿的"分化结盟谈判"，其谈判成功的共同关键点在于：

1. **知彼知己**：了解自己和对方的优势与劣势，强化长处，隐藏短处，不仅赢得谈判对手的信任，也给予其携手合作的信心，让对方有勇气和我们一起把饼做大，各取所需，共享利益。

2. **将心比心**：孔明向孙权表示，曹操的八十万大军，志在东吴；司马懿提醒孙权，关羽的五万大军对魏国无关痛痒，但对于东吴则是如芒在背，不可不惧也。两人谈判时，都明确地站在对方立场，从对方的角度来替对方思考，不只提醒双方结盟的利益，更警告对方不与之结盟的严重后果，将利弊得失以同理心态，呈现给谈判对手知道，拉近关系，抓住对方的心。

3. **言之有物**：两大军师各为其主，字字珠玑，雄才大略，辩才无碍，让信者服气，半信半疑者相信，不信者无言！

4. **处之泰然**：笑骂由人、不为所动、坚定自信、使命必达的谈判信念。谈判代表要有一张"扑克脸"的意思，就是无论面对什么样的局面和状态，都能喜怒不形于色，让对方难以捉摸；又或是当一只"谈判变色龙"，见人说人话，见鬼说鬼话，展现弹性，但坚持底线，不轻易让步退缩。

小结：

《孙子兵法》说："兵无常势，水无常形，五行无常胜，四时无常位；日有短长，月有死生。"

这段文字提醒我们，谈判桌上"没有永远的敌人，也没有永远的盟友。"（切记：后面这句话比前面那句更重要！）谈判皆以利益为导向，以创造双赢为理想。

能随着敌人的不同而加以变化，就达到了一种神奇的境界。

就好像五行没有永远取胜的一方，四季也没有总是停留在某一季，日照的时间有长有短，月亮的形状也有盈有亏。一切都是变化的。谁能掌握现实情况、与时俱进，谁谈判的胜算就高。没有永远的赢家，也没有绝对的输家。不求全拿，但得更多！

期限

谈判一定要给"期限"，让对方在期限内，务必给予一个明确而详尽的回复或解决。谈判时，人们常常会欠缺设定和严格遵守期限的能力，让对方轻松地敷衍了事。你必须制造一定的时间压力，对方才不至于糊弄你，不把你当一回事。你在乎，人家才不会轻忽；你认真，别人才把你当真。

"没收据就不给钱"该如何应对

为了响应"前进宜花东，高屏暖冬游"的政策，2018年12月21日星期五晚上，我带着儿子开心地展开南向长征，先搭高铁到左营站，再换乘火车坐了约一小时，总算抵达屏东火车站。还好饭店就在车站旁，但是到大厅已经是晚上十点半了。

这次的出游，主要是因为我太太 Debby 的乐团刚好那晚在屏东演出，她通过易游网订了车票和饭店，每间房补助 1 000 新台币（约等于 230 元），车资补助 1 000 新台币，最多共 2 000 新台币（约等于 460 元）。办理入住手续时饭店会直接退款给客户，因此她再三叮咛我，易游网买的高铁票根一定要留着。

然而，当柜台人员向我索取"代收转付收据正本"时，我傻眼了，急忙打去易游网客服中心询问，才发现原来是 Debby 漏勾选了"代收转付收据正本寄送"这一栏，此时此刻我拿不出来对方要的收据正本。

易游网的客服人员马上撇清责任，不断强调是我们自己没看清楚没勾选"代收转付收据正本寄送"，她也强调现在已是下班时间，明早九点在屏东车站旁的易游网公司门市，可帮我们立即补开收据正本。

听来问题不大，但没想到饭店柜台人员竟断然拒绝。他不接受传真及 Email，也不接受明天补开的收据正本。他表示："必须现在当场拿出易游网开立的'代收转付收据正本'，明日补件无效。"

什么！竟有这种事？重点是这个柜台人员的态度极其恶劣，一副事不关己的表情和轻蔑的言语，让人火冒三丈。现场另一组客人也在与其争执后，悻悻然地离去。我说愿意押

170

5 000 新台币（约等于 1200 元）给他，等我拿到收据再来领回 5 000 新台币加 2 000 新台币的政策补助款。但他冷冷地说："因为公司计算机系统的设定问题，必须今晚十二点前要提供收据正本，否则我就拿不到这次高屏暖冬游的 2 000 新台币补助。"

大老远从板桥跑到屏东，本想搭政策补助的顺风车，带儿子来海生馆和垦丁玩两天，没想到才第一个晚上，就遇到这么扫兴的人与事。"退房"是我当下的第一个念头，不住可以吧！我就不相信屏东周五晚上找不到一间饭店住。

但易游网给我的答案却是："已在线刷卡付费，当日不得取消订房退刷！"如果我任性地离去，白白便宜了这家毫无待客之道的饭店，钱还要被它赚走，这绝非我所愿。

前面提过谈判的"黑白脸"，下黑上白，我要求对方的主管出来解释。一位女主任走出来，虽然态度好很多，但立场一样坚定："公司计算机设定今日关账，没有收据正本一切免谈！"

理由是之前很多客户都拿了钱走人，没再送收据回来，害饭店损失惨重。"既然如此，为何计算机不设定先拿收据再给钱的机制呢？"我心中不断重复这个念头，但显然无论说什么，对方都听不进去。更糟的是儿子一直吵闹，哭叫喊妈妈何时才会来。

各位读者，换作是你，该怎么办？

有朋友说，换作是他，一定跟对方杠上，要他给个交代，否则要上告法院或在新闻媒体上曝光，让饭店吃不了兜着走。这是恐吓式的硬出牌谈判！这话说得很豪气，但试想，舟车劳顿、气急败坏的我，易游网电话也打去求救过了，饭店主管也沟通过了，此时已无计可施。更重要的是，如果我们一家三口在别人的地盘要住一夜，安全起见，狠话最好还是别说为妙，对吧？

换个角度想，谁叫我们没看清楚易游网的规定呢？就当作是缴学费，学一个难得的经验。两天的假期正要开始，有必要为了这"区区两千新台币"的补助，坏了难得来屏东、垦丁度假的好心情吗？这实在太不值得了！谈判跟人生一样，岂能尽如人意？有时自我安慰和鼓励，比谈判技巧和策略更重要，正向思考，一切美好，日子还要继续过下去。

将近晚上十一点，Debby 结束音乐会演出赶来会合，我们就这样入住了饭店，政府的暖冬游补助款，只能相见在梦中了。但是，你以为故事就这样结束了吗？

第二天早餐时间，我们在餐厅遇到 Debby 的两个团员，才发现大家虽然有不同的原因，但是都有同样不爽的遭遇。原来她们都是在易游网订票，都有勾选"代收转付收据正本寄送"这一栏，但是一位忘了带，一位带错了，下场跟没勾选的我们一样，不仅没拿到2 000新台币补助款，还要受昨晚那位柜台人员的气。

同病相怜的我们，这个早餐吃得特别有意思，边吃边骂，又没办法。其中一位愤愤不平地说："要不是我等下赶高铁回台北，我一定要打电话去观光局投诉这家饭店！"

正巧，这天星期六是补班日，观光局正常上班。她无心的一句话提醒了我，回到房间才九点十分，我马上打电话到观光局，一位黄小姐很客气地听完我的"哭诉"之后，很大气地说："郑先生，请问你还在饭店现场吗？请你把电话转给柜台，我来跟他说。"我赶快冲到柜台，并叫Debby通知那两位团员一起来。

昨晚的两个人都下班了，柜台是一位小姐。挂上电话后，她的态度一百八十度转变："观光局说，今天开的收据可以使用、麻烦三位提供身份证和银行账号，因为主管已下班，今天会再跟你们联系确认。"原来饭店怕的是因为是假日开的收据，所以不能跟政府请款。原来这世界，每个人都有他的难处！

既然观光局的官员确认今天开的收据可用，没有期限的问题，我们就有机会拿到这2 000新台币，哦，不！是三个房间共6 000新台币（约等于1 400元）的暖冬行补助款。

带着愉快的心情，我们在屏东海生馆玩了一天，但整天都没接到饭店的电话。下午五点要离开海生馆时，我有些懊恼早上忘了给饭店一个电话通知的期限！就在此时，昨晚那位女主任打电话来："郑先生，不好意思，跟您确认一下银行账号，我们会在下周一汇款给您，不过要扣掉 30 新台币（约等于 7 元）的转账费，谢谢！"

这次屏东订饭店的费用由 2 000 新台币减为 30 新台币，我欣然接受。同时，Debby 的两位团员也打电话来表达谢意，钱的大小是其次，重点是大家都有一种"失而复得的喜悦"。不求全拿，但得更多。

结论：努力找到你的谈判资源和筹码，别轻易放弃本该属于你的权利。谈判比不谈更好，双赢谈判力，越谈越有利！人生无处不谈判。

议程

所谓"议程"，就是会议全部程序的安排、进行的过程。"谈判的议程"包括：

1. **谈判的主要目标与议题。**根据谈判目标，将相关的问题汇整，进行讨论。在确定议题时，应尽可能将己方的议题列入议程。当然，对方也会提出相应的谈判议题。如果双方议题吻合，基本上就可以将议题确定下来；如果双方想法差距较大，则需要商讨哪些议题可列入议程进行讨论。

2. **谈判的原则框架。**即进行谈判的程序规范，及解决争议或问题的准则与方案。

3. **议题的先后顺序。**原则框架确定以后，双方就应着手讨论各个议题细节的先后顺序。看看是先谈重要的、复杂性高、较难有共识与谈判结果的议题，还是先谈较简单的，易于达成共识的议题。

可先举行谈判前会议，讨论议题的优先级。《孙子兵法》说："知彼知己，百战不殆。"对我重要的，对他未必重要，先谈我可以让给他的议题，有助于建立谈判亲和感，让己方在后面较关心或重要的议题中，能取得优势，达到目的。

4. **时间安排。**每个谈判议题需要多长时间进行谈判，是议程讨论中的另一个问题。一般情况下，对我方有利的议题应该尽可能规划充裕的时间，对我方不利的议题应该尽可能安排较少的时间。谈判议程的安排，根据己方的具体情况，在程序上尽量避己所短，扬己所长。控制了议程，你就可以掌控谈判的节奏和进度，得到更多。

所谓"先礼后兵"或"先易后难"就是：把你认为这次谈判需要讨论的各项议题列出并排序，把所有你愿意让给对方的重点放在前面，展现亲和感和最大诚意。也就是在谈判的顺序及内容安排上，保证己方的优势能得到充分的发挥。

谈判议程的内容，要能够体现己方谈判的总体方案与最终目标。议程的准备包括何时提出问题？提什么问题？向何人提问？谁来提出问题？谁来补充？谁来回答对方问题？谁来反驳对方提问？什么情况下要求暂时停止谈判等。

📑 从"侵权谈判"到"合伙谈判"

由陈可辛导演的电影《中国合伙人》是描述"土鳖"成东青、"海归"孟晓骏和"愤青"王阳三位燕京大学的同窗好友，毕业后为了改变自身命运，共同创办英语培训学校——"新梦想"的故事。

其中有一段精彩的商务谈判情节：美国教育服务中心（EES）控诉中国的"新梦想学校"窃取教材，未经授权使用其留学考试数据，双方谈判代表于纽约的听证会进行侵权赔偿谈判。

谈判的一开始，美方律师给的下马威就是："EES 已向全美各大学发出警告，新梦想学校出来的中国留学生，很有可能在托福及 GRE 考试中，有作弊的行为。各大学会特别注意在留学考试中取得高分的新梦想学生。"

美方主谈代表波诺引用非官方资料，提及中国从科举就有作弊的传统，而且作弊的方式五花八门，并强调新梦想学校的教材让中国学生在相关考试获得不正当的优势。他要求新梦想学校承认侵权的基本事实。

接着，由律师展开一连串的猛烈炮火，包括：

1.EES 已经向法院申请，停止新梦想学校的侵权行为，并销毁所有盗版 EES 的考试数据。

2. 要求"新梦想学校"赔偿 1 500 万美元。

3. 要求进一步的惩罚性赔偿。

孟晓骏和王阳面对美方如此高姿态的谈判攻势极为不满，声称法院见，几近翻桌走人。剑拔弩张之际，"新梦想学校"的创办人——成东青校长——跳出来喊暂停，建议先去吃饭消消火气，缓和一下情绪。谈判跟球赛一样，喊暂停或中场休息很重要。

在吃饭时进行内部谈判，凝聚共识之后，三人回到会议室，继续下午的谈判议程。王阳一开始就拿出一盒月饼送给美方主谈代表波诺先生，祝他中秋节快乐，并表示如果等下双方一言不合打起来，还可以拿这个当武器。（展现幽默，建立亲和，化解上午谈判议程中的不愉快）

紧接着，成东青校长正式向美方道歉，承认侵权，并愿意赔偿，但不是美金1 500万元。他背出本次谈判的相关英文法条，展现出中国学生为求生存发展，用功努力而且很会背书及考试的软实力。（展现谈判的Power）

孟晓骏表示："无论这次法院的侵权判决结果如何，这都是双方正式合作的开始。我们希望EES在中国市场可以版权规范化，避免侵权事件发生，而中国是全世界最大的英语教育市场。"（谈判的结盟与资源）

成东青也正式宣布"新梦想学校"将在华尔街上市，他向美方谈判代表说明："感谢你们今天的控诉，有这样的侵权谈判议程，让华尔街的投资人看到'新梦想学校'的诚意与勇气，愿意为错误负责，并付出代价。当我们成为全球最大的教育产业股，你们就会真正地尊重我们，双方不用再靠打官司或谈判来沟通。"

从"分配型谈判"引导对手转为"整合型谈判";从双方互掐的瓜分资源,到我们一起把饼做大。进一步想,共好共荣;退一步想,海阔天空。

四、"地"的谈判元素

地点

谈判在哪进行？谈判桌是放在自己的主场，还是放到对方的主场？又或是到第三地去谈？

📄 价值 30 万新台币的 VIP 券退费谈判

好友 Erin 的"遭遇"，跟高尔夫教练宝哥的状况刚好相反，这回从"被要求退费的一方"，变为"要求退费的一方"。

Erin 从某个美容美体中心 20 年前开张大吉日，不小心一试成主顾，就这样陪着老板娘小美一路走来，经历过创业期的艰辛，到现在不仅生意兴隆，除了新北市板桥江子翠的总店之外，最近还在芦洲开了分店。

问题来了，Erin 20 年来的"御用按摩师"阿珠，突然被调到芦洲分店当扛坝子，肩负起训练新人的重责大任。而在上次购买VIP 券时，小美曾亲口承诺："只要 Erin 来店消费，保证由阿珠来服务这位 20 年的忠实老客户！"但现在却叫 Erin 改去芦洲店消费，说跟板桥一样方便。

Erin 表示早已习惯板桥店，芦洲路不熟，并不想去芦洲店。小美只好介绍另一位资深按摩师，即阿珠的同门师妹阿花来为Erin 服务。试了几次之后，Erin 觉得阿花跟阿珠虽然名字只差一个字，但功夫手劲实在差很多。既然不想去芦洲店，又不满意阿花的服务，Erin 只好跟小美摊牌，要求退费，但小美始终避重就轻，不愿退费。

听完了 Erin 的故事，我忍不住问她："那你到底还剩多少价值的按摩 VIP 贵宾券呢？"

她幽幽地回答我："大约还剩下 30 万新台币（约等于 7 万元）左右！"

天哪！原来我的好友和宝哥遇到那位望子成龙的家长一样，都是很有经济实力的人。当我跟她提到宝哥的故事，她便问我有什么好建议，可以让她去跟小美谈判。

亲爱的读者，换成是你，你会委屈自己勉强适应板桥店新的按摩师阿花，还是强迫自己去习惯虽然有阿珠坐镇，但却很陌生的芦洲店？抑或是坚持不退费不妥协，就算跟小美撕破脸也无所谓？坚持退费的理由又是什么？

换位思考，若你是老板娘小美，这30万新台币的VIP券退得了吗？若不退，又要如何面对支持自己20年的老客户呢？

我的想法是：

1.站在老板娘小美的立场，30万新台币真不是个小数目，目前景气不大好，实在很难说退就退。

2.阿珠并非离开公司或是调到中南部，只是从板桥店调往同属新北市的芦洲店，Erin仅因自己不熟悉芦洲地形就要求退款，"理"字上恐站不住脚。

3.Erin既然不喜欢板桥店阿花的服务，就不需要勉强自己。

在同理思考、追求双赢的前提下，我建议Erin也许可以跟小美说："看在多年相挺的交情上，我目前愿意保留一半的VIP券去阿珠的店消费。如果到时我觉得芦洲和板桥其实差不多方便的话，我还是你忠实的VIP客户哦！"小美最后接受了Erin的要求，并对老客户的支持表达感谢。留一个回旋空间，各退一步的做法，让谈判多些温度和弹性，对彼此都好。

情境

"情境"指的是一种谈判的氛围，看清整体大环境的局势很重要。谈判的情境随时间转变，勿逆势操作，要顺势而为，才能以小搏大，争取更多。

📄 该不该听信匪徒的话

在刘德华和刘青云主演的电影《暗战》中，当歹徒（刘德华饰）挟持人质，在天台上跟警方对峙，谈判专家（刘青云饰）被请来跟他谈判。有一幕情境十分紧张险峻：歹徒枪杀了人质，被警方飞虎队重重包围，歹徒宣称手上的压力引爆器只要一放手就会引爆炸弹。

然而谈判专家却不理会他，回应道："拿着这个破玩意儿，就要我相信你有炸弹，我不信，放手吧！"

正当谈判专家态度强硬地要对方放手试试，他老板——警局黄督察在后面大喊："我信，别放手！"

谈判专家很讶异地回头，马上跟督察进行内部谈判。

谈判专家："那个炸弹是假的！"

警局督察："你怎么知道？"

谈判专家："你就相信我一次好吗？"

警局督察："我为什么要相信你，不相信他？如果爆炸我要负责，不爆炸就没我的事！"（这真是重中之重）

谈判专家："身为警察，你能不能勇敢一点？"

警局督察："你也不知道这炸弹是真是假嘛！"（老板的话，其实也有道理）

最后，只能眼睁睁地看着歹徒扬长而去。尽管如此，但至少大家都平安。

这个谈判的情境是：歹徒一开始握有人质，而后又声称手上的炸弹威力惊人，展现谈判的实力与筹码；当以炸弹威胁要逃离现场时，虽然谈判专家态度强硬地拒绝妥协，然而一方面他的上级怕事，不想承担风险，另一方面，谈判专家当下无法向其证明炸弹是假的，因此在这一回合的警匪谈判，歹徒顺利逃脱，取得胜利。

各位读者，读到这里也许你也有同感，会联想到办公室里的上级，是不是常常很像这位高级警官黄督察一样，胆小怕事又无能。但如果换作是你，在这样警匪对峙的场景，凶险未知的谈判情境中，你真的要跟这位谈判专家一起赌一把吗？这赌注不只是你的乌纱帽，更是飞虎队众弟兄的命啊！从谈判专家的立场来看，谈判是个局，看清局势和情境很重要。如果你的上级影响到你的

184

谈判内容，你不要只是咒骂他，更要说服他，才能让谈判的进行如你所愿，这不是件容易的事，需要加把劲。

谈判小结：

- 内部谈判很重要。
- 谈判代表有没有被充分授权很重要，否则谈判对手不把你当一回事。
- 老板不一定永远是对的，也许你不能说服他，但永远要尊重他，否则倒霉的就是你。

职场中最糟的忠言，是你说："老板恕我直言，你真的错了！"

职场中最大的谎言，是老板说："尽量放手去做，我永远支持你！"

退路

谈判，谁有退路，谁赢；谁的退路好，谁赢！

现在是金融科技时代，网络金融盛行，很多银行分行整并，不再增设分行。只要房东表示要涨房租，银行二话不说直接搬家走人。房东甚至主动降价，怕失去银行这样的好房客。台北市东区高房租松动，最高降价逾六成，金店面褪色，空屋率飙高，倒店潮难挡。

之前东区统领百货附近有一店面，租约到期，承租的店家希望租金能自 150 万新台币（约等于 35 万元）降到 135 万新台币（约等于 31 万元），房东不想降，决定不续租，另外委托房仲以原租金招租，但一直租不出去。房东紧张了，找到原房客表示愿意降价以 135 万新台币出租，但原房客已找到新的店面，房东为免空置租金损失，再降租至 130 万新台币（约等于 30 万元），但现仍空置中。

谈判得"找好退路"，或是"找个好退路"。

各退一步达成交易

《那年花开月正圆》是 2017 年播映的古装电视剧，由孙俪主演，该剧以陕西省泾阳县安吴堡吴氏家族的史实为背景，讲述清末出身于民间的商界奇女子——陕西女首富周莹——跌宕起伏的人生故事。

话说周莹第一次与棉花商人童老板进行商务买卖议价谈判，场景在某间客栈。

童老板："请问夫人有多少这样的棉花？"（探听对手虚实）

周莹：至少八十万斤。

童老板：太多了，我用不了那么多！最多二十万斤。（以虚为实）价格要是公道，我可以勉为其难再多要二十万斤。（谈判的条件句：如果、假设、要是）

周莹：那童老板觉得什么样的价格算是公道呢？（连攻带守）

童老板：我在其他地方收棉花，都是50文一斤，我与泾阳有交情有感情，60文吧！（动之以情）

周莹：童老板，我这棉花120文一斤。

童老板：夫人，你是在说笑吧？

周莹：去年棉价大跌，关中一半的棉农都改种了小麦，而直隶湖广那边的棉田又遭了殃，几乎颗粒无收。物以稀为贵，加上我这品相，怎么都值120文一斤。（谈判的情境今非昔比）

童老板：（大笑）夫人啊！我在其他地方收棉花，也没超出100文呀！（谈判的标准）

周莹：（也还以大笑）童老板、水涨船高，您今年的府布，一定也能卖个历史最高价！（诱之以利）

童老板：80文，你这80万斤棉花我全要了，不行，那就拉倒。（以量制价）

周莹：为了表示我的诚意，这样吧！若是80万斤棉花您全要

了，我让你 5 文，115 文。（谈判的条件句：若是）

童老板：夫人，实在不好意思，这生意没法做了！（谈判破局）

周莹：（起身）没关系，我相信过两天，直隶湖广那边的棉商都要来泾阳、到时候我这棉花 150 文一斤也不是不可能。（谈判的退路：有没有？好不好？谁有退路谁赢！）

周莹：哦！对了，您订的回武汉的货船，好像还是 80 万斤的舱位，初八就必须启程，看样子，这趟您得空手而归了。（谈判的情报搜集与时间压力）

话说完，周莹即离开，边下楼梯边念念有词：快叫我！快叫我！快叫我！（因为很重要，所以念三遍）

童老板：夫人请留步。夫人，再让一点吧！（谈判成交前的关键让步，见好就收，留个情面别太贪）

周莹：这样，那如果一手交钱一手交货，就 110 文。（谈判的条件句：我这里让你，你拿什么还我？）

童老板：成！

这段故事告诉我们几个谈判的重点：

1. 知彼知己，百战不殆。

2. 谈判的亲和与同理很重要。

3. 善用谈判的条件句：如果、假设、要是。

4. 谈判要适时让步，找好退路。

5. 谈判铁律：切割法。如果价格不能动，那规格好一些、数量多给些、付款方式松一些、交货方式好一些，多些弹性比较好谈！

6. 赢一点，让一点，是谈判技巧，也是处事态度。

底线

打 1.5 折的培训课

某市立交响乐团的活动承办人员向我邀约一场三小时的讲座，主题是"共好团队力"。学员是一群优秀的音乐家，对方找到我，并在一开始就表明"一小时 1 600 新台币（约等于 370 元）"的预算。

我笑着回答："哈！直接切入重点啊！"

她说："这是公家机关的给付标准，很低……但已经是最高限额了，老师，您可以接受吗？"

我回答："其实我去企业上课的定价是一小时 10 000 新台币

（约等于 2300 元）哦！"

亲爱的读者，请问我为何要表明培训行情价？到底我要不要接这个邀约呢？

答案是：我一定会接这个讲座。原因有三：

1. 我本身是个古典音乐爱好者，算是音乐厅的常客，而且一向很佩服音乐家的专业。

2. 我常到各机关授课，了解他们开课的定价通常就是一小时 1 600 新台币，没什么谈价的空间。

3. 我太太本身是音乐家，该交响乐团里的许多音乐家都是她的旧识老友，我很乐意有这样跟他们分享经验的机会。

既然确定会接，又为何要表明行情价呢？理由很简单，就算要接，也是基于人情世故的一些特殊考虑，但还是要让对方知道我们平常的收费状况，这次的讲座只是个友情的特例。没别的意思，只想表明自己：平时收费的行情、友善的态度和愿意热情分享的诚意。

您猜对方的回应是什么？依照我的经验，她应该会再次表明对讲师费用无能为力的现实情况，并期望我的友善支持才是。但出乎意外，她立即回了一个表情："来吃土吧！"

190

怎么会这样？当下的感觉是"又好气又好笑"，我输给她了！身为讲师，马上帮自己找台阶下是一种本能："因为我太太也是音乐人，所以去乐团上课的费用不是问题啦！"

"感谢老师，我可以给您音乐会的票，9月16日我们乐团有一场马勒千人音乐会，方便来听的话，我可以留两张票给您！"

有善意总是会有回报的，我这样安慰自己。这就是一种谈判，交换不等值的东西，让双方达成协议，各得利益！

一位具有30年经验的美国联邦调查局谈判专家在他的著作中，提到过一个事，他说某律师公会邀请他去讲授谈判课程，但预算可能跟我们机关能给的一样低，于是他直接表明价钱实在差太多，恐怕无法接下课程。这时律师公会的承办人灵机一动，提出一个利益交换的建议："老师，我知道我们的预算实在很低，虽然这已经是能力极限了，但我们实在很想邀请像您这样的专家来替我们上谈判课。这样好不好，如果您可以来帮我们公会的律师们上课，我跟您保证，下个月我们律师公会的期刊封面，就用您的照片，您说好吗？"

亲爱的读者，换成是你，接不接这个价钱差很大的律师公会邀课呢？

再者，您觉得这位谈判专家会愿意接受这样不对等的利益交换吗？您的想法我不知道，但这位谈判专家接受了。他接受的理由很有意思——"因为这样子我就可以回家跟我老妈说："妈，你儿子的照片登上律师公会期刊的封面了哦！"

谈判原则上要有底线，但是底线并非一成不变，随着情境、局势、敌我权力消长的变化，为求最大利益，底线可以有些弹性。

若是有一天，台积电、微软、亚马逊或苹果找我去讲谈判课，如果要对课酬进行谈判的话，我应该也不会太坚持底线。因为我也可以回家跟老妈说："妈，你儿子今天去台积电讲课哦！"您说，谈判是不是一种"不对等利益交换的创意思维"呢？谈判，很有趣吧！

五、"物"的谈判元素

资源

指的是实力与筹码，包括金钱、物质、专业、人力、人脉、渠道、能力及行为……

信息

谈判是一场"信息战"（Information War）！掌握到关键或重要的信息，往往能以小搏大，因此，知彼知己、搜集信息至关重要。

《孙子兵法》也强调运用间谍、搜集信息的重要性："故用间有五：有乡间，有内间，有反间，有死间，有生间。五间俱起，莫知其道，是谓神纪，人君之宝也。"

间谍的运用有五种，所谓"乡间"，是指利用敌人的乡民乡人做间谍；所谓"内间"，就是利用敌方官吏做间谍；所谓"反间"，就是使敌方间谍为我所用；所谓"死间"，是指制造散布假情报，通过我方间谍将假情报传给敌间，诱使敌人上当，一旦事迹败露，间谍难免一死；所谓"生间"，就是侦察后能活着回来报告敌情。

这五种间谍同时用起来，使敌人无从捉摸我用间的规律，这是使用间谍神妙莫测的方法，也正是国君克敌制胜的法宝。

还记得 2016 年的"鸿夏恋"吗？鸿海并购日商大厂夏普（Sharp）的签约前夕，鸿海"忽然"收到一份"密件"，内载夏普欠债 3 500 亿日元（约等于 226 亿元），而这些负债全不在鸿海认知的负债范围内。

鸿海董事长郭台铭大怒，下令暂停签约事宜，自此鸿海取得本次并购谈判的优势。这一份"密件"就是谈判的关键信息，可以让谈判的一方以小搏大，逆转战况。

标准

行走江湖，凡事都有一个标准。谈判也是如此，就像前面提到望子成龙的 300 堂高尔夫球课，若家长坚持要提前解约，双方可引用相关的"补习班规定"。

就连赈灾捐款，也都有一个标准在。例如 9·21 大地震及花莲地震，若是台塑集团、鸿海集团、国泰金控都捐了2亿新台币（约等于4 700万元），则台积电、长荣、富邦等大企业，通常就会以2亿新台币为上限提拨款项救灾。其他企业亦按照这不成文的标准，依据自身的爱心与实力，不落人后，共襄盛举。

承诺

再怎么样，谈判务必带着白纸黑字的结论，拿个承诺好下谈判桌！（给对手一条回家的路走，让彼此有台阶下）

如果你……我就……（用承诺去影响对手的判断和行为）

谈判的五大元素：人、事、时、地、物，各有4个重点，合计共20个谈判重要关键字，你记住了吗？背不下来也没关系，真要上桌谈判前，再把五大元素的总表图（参考图3-1）拿出来临阵磨枪，不亮也光，相信对任何领域的谈判，都会有所帮助。

最后，我要用一个自己亲身经历的公安意外事件理赔谈判，汇整上述谈判的五大元素，作为本书最后一个谈判案例分享。

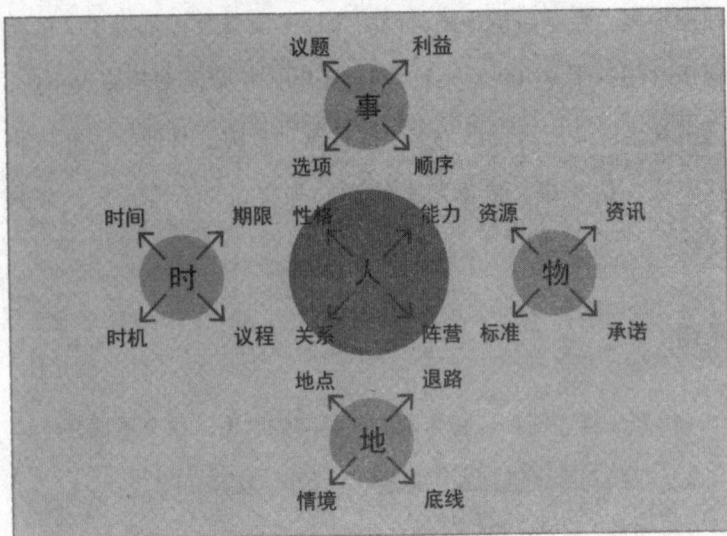

图 3-1　谈判的五大元素

📝 "周末暗夜喋血事件"

　　如果到知名超市购物，因为踩到地板上的不明液体，滑倒重摔后造成胫骨骨折，左臀、左腿挫伤，医生建议你至少休养六个月，你会跟超市求偿多少？

　　如果知名量贩店的保全人员，在推一长串手推车时不慎撞到你，造成你右臂、右膝与右髋部受伤。你的反应会是什么？

　　如果到知名酒店参加婚宴，因坡道太陡而滑倒，造成左踝骨折，你怎么处理？

如果到知名国际连锁咖啡店喝咖啡时，墙壁上的挂画突然掉落、砸伤你的左肩、左肘，你又会如何求偿？

以上四个情境，都是发生在台湾的真实案例。对一般人而言，那只是在电视或网络上看到的关于公共安全意外所造成消费者纠纷的新闻报道。但没想到这样的事情，有一天会真实地发生在我身上。

2013年9月7日晚上7点50分，我开车去新北市某知名超市用餐，当车子开到停车场六楼时，找不到车位（周六晚上通常是人流量最大的时间段），于是只能开往七楼的天台碰运气。总算停好下车要往卖场走时，才赫然发现顶楼整层无论内外居然完全没开灯，只能在黑暗中行走。

当我由停车场要进入卖场时，不慎撞上卖场的玻璃门，破裂的眼镜割破了我右眼眉毛上缘的血管，当场如水龙头被打开般地血流不止。经由卖场安全经理协助，紧急将我送到距离卖场最近的新光医院挂急诊。在急诊室里等了快两个小时，才轮到我进行约二十几针的脸部缝合手术，待到接近凌晨才得以回家休息。因为是遭受撞击的撕裂伤，脸肿得跟猪头一样，而我表弟的婚礼刚好在隔天周日中午……

超市的安全经理坦承，为节省电力及人力成本，七楼未能及早开灯，入口处并没有放置提醒驾驶的告示牌，也未派人管制停车流量，造成我的意外受伤，表示十分抱歉，并会负责到底。

事后我要求超市赔偿我六个月薪资的精神慰抚金，但对方坚持只愿意赔偿医药费用及眼镜费用，双方陷入僵局，开始进行谈判协商……

2013年10月14日下午进行第一回合谈判，超市负责楼管安全的何经理，带了一位外商产险公司的理赔专家——保险公证人陈先生来拜访拆线后脸部红肿瘀青、留下两道伤口疤痕的我，商谈赔偿事宜。

何经理首先承认超市的确有疏失过错，并一再强调解决问题的诚意及用心（软出牌）。当我对此表达感谢之意时，保险公证人出手了。陈先生表示，他在保险业界有20多年丰富的理赔经验，值得信赖，并表明自己工作以来一直秉持着公正第三人的立场！

我脸上缝了二十几针的伤，在他的经验来看，其实只算是"小伤"而已，他见过更严重的案子，谈及例如当事人用"通乐"通马桶时，发生不慎喷出毁容的惨事，试图淡化我的"小伤"案子。我很讶异地同情意外受害者，看着餐厅墙面的镜子，确定我的脸还在，就听公证人继续说下去。

他善意地警告我，根据他的经验，有的案子谈判破裂，告上法庭，最终法官判赔 0 元。例如之前有人在超市自己无故跌倒受伤，坚持要提告，拖了很久最后官司败诉。一毛钱都拿不到的案子比比皆是，因此他的良心建议是"得饶人处且饶人"。

不愧是经验老到的专业保险公证人（软中带硬）！陈先生表示，他亲自到现场勘验过，虽然超市事发当晚顶楼整层未开灯确实不对，但我未在黑暗中提高警觉专心走路，导致撞上玻璃门的流血事件发生，也有过失，难免要负些疏忽的责任。

接着他拿出核算的理赔金额，除了超市已支付的重配眼镜费用，愿意再赔偿约为医药费的 2 倍金额：6 580 新台币（约等于1500 元）。这就是保险公证人所认定合理的最终赔偿金额，和我提出要求 42 万新台币（约等于 9.8 万元）的"精神慰抚金"差了近 64 倍。

陈先生质疑我对"精神慰抚金"的算法，他"故意或过失"地忽略了法律规款："因故意或过失不法侵害他人之权利者，负损害赔偿责任。"谈判时，对方的言谈避重就轻，只挑对他自己有利的部分进行说明阐述，本属人之常情，原则上我们不必太过动怒、严词以对（虽然做到这点并不容易），甚至于翻桌走人。控制情绪，管理怒气，是成功谈判者的重要性格或能力之一。

以下是我以条例式的论述，回应对方开出的赔偿金额 6 580

新台币：

1. 我是每天要上台授课的讲师，脸部受撞击，肿得跟猪头一样，影响工作形象甚重，虽然现在伤势渐愈，但我的身心受创，尤其已在脸上留下难以磨灭的疤痕。

2. 请对方拿出同理心，通常会说出"得饶人处且饶人"的，是因为疤痕并不在自己或家人的脸上。

3. 我承认自己在黑暗中撞上玻璃门也有过失，愿意按赔偿金额比例分摊责任。

4. 表明相信保险公证人陈先生的专业和诚信，只是双方立场想法不同。

5. 本人并不在乎法官不判赔，因为没有比受伤破相、身心受创更糟的事了！我只求一个公平正义，要超市负担应得的惩罚及代价，并给予教训，希望以后不会再有"只因店家想省电费而发生公共安全意外的受害者"。

6. 我虽然是一位教授谈判课程的专业讲师，但这不代表我有多会或多愿意谈判，非赢不可。事实上，"打开僵局，寻求双赢"始终是我谈判的价值观，只求确保个人获得法律条款保障的权益："不法侵害他人之身体、健康、名誉、自由、信用、隐私、贞操，或不法侵害其他人格法益而情节重大者，被害人虽非财产上之损害，亦得请求赔偿相当之金额。"

7. 索赔的 42 万新台币，是基于本人当时底薪约 7 万新台币（约等于 1.6 万元）乘以 6 个月所计算，预估身心受创恢复的疗伤期约为半年。

8. 对方提出的赔偿金额，本人完全不能接受，强烈表达谈判不成便到法院提告的意愿和决心。双方对于"精神慰抚金"的定义及赔偿依据标准落差甚大，无法达成共识，谈判破局。

2013 年 11 月 1 日，原班人马进行第二次协商，对方仍主张最多只能负担双倍的医药费，我断然拒绝。之后公证人陈先生电话通知，愿意支付精神慰抚金 2.5 万新台币（约等于 5 800 元）。在忍无可忍的情况下，我向消保会提出了第一次申诉。

我试着联络超市公关室的黄先生请求协助，获得其承诺会去了解处理本案。后来公关室黄先生来电表明已尽全力协调，争取到超市愿赔偿从 2 倍增加到 12 倍的医药费共约 3.6 万新台币（约等于 8 400 元）作为精神慰抚金，但仍与我要求的数字差距甚远，我因而婉拒。

2013 年 12 月 11 日，我寄出三封挂号信给超市总经理室、法务室、公关室请求协助处理，但毫无响应。于是我在 12 月 23 日正式向新北市地检署提出超市总经理、店经理及安全经理等三人之"业务过失伤害"刑事告诉，试图逼总公司派人出来参与谈判。《孙子兵法·虚实篇》说："故我欲战，敌虽高垒深沟，不得不与我战者，攻其所必救也。"（超市的总经理就是"其所必救"）

2014 年 1 月 6 日，新北市法制局周消保官召开第一次协商会，我及超市安全经理何先生、公关室黄先生、公证人陈先生出席，但现场仍未达共识，对方同意携回研议。

10 天后，新北市地检署第一次刑事庭，安全经理何先生、超市总公司派来的律师代表出席，针对检察官讯问为何于周六人流量高峰时间段停车场不开灯、不设栅栏、不加派人手一事，超市的律师面有难色，毫无招架之力，只能承认卖场人员的确有业务疏失。在检察官的建议下，双方同意先在调解委员会进行后续赔偿事宜的谈判协商。

1 月 21 日，新北市法制局周消保官召开第二次协商会，当时我心想，若是能在这协商出双方能接受的结果，我就直接撤销告诉。但出乎意外地，超市竟无人出席，亦未事先通知我与周消保官，周消保官打电话去问，对方仅在电话中告知："因本案已进入司法程序，所以不克出席。"

没想到对方连周消保官都不放在眼里，令人不禁"佩服"其胆量。果然，如同之前请教曾与该超市打过官司的律师同学所说："对方不怕你告，因为他们被消费者告的经验十分丰富。"由于我当天是向公司请假出席，对于被放鸽子一事十分火大，本想直接通知检察官取消调解流程，直接跟对方在法庭一决生死，但律师同学给我的建议是："如果你这样做的话，检察官会觉得你是问题制造者，反而留下不佳印象，这对于诉讼案是扣分的。"

这番话真是一语惊醒梦中人！我觉得律师说得很有道理，毕竟检察官并不知道对方放我和周消保官鸽子，就算知道了，他也无法体会我不爽的心情，若是就这样直接上法庭，反而显得我无理不配合，因此打消一时冲动的念头，静待调解日的到来。谈判者需掌握自己的情绪，控制自己的怒气，千万别被对方操弄心情，败在自己的情绪管理，因小失大，得不偿失。

2月6日一大早，我忽然接到新北市法制局周消保官的通知，他刚在新北市法制局的官网上发布了我这件案子的新闻稿，所以今天应该会有很多媒体要来采访我。当我还半信半疑搞不清楚怎么回事时，就接到了《联合报》记者的电话。整天从上午九点开始，各大平面媒体的记者，陆续打电话来要采访我；而台视新闻的现场采访，则直接在《晚间新闻》播出。同时，当天《联合晚报》也登载了我这个"小虾米对大鲸鱼"的新闻。

后来才知道，原来各大媒体的记者都有驻点在新北市政府，在众多消费纠纷或公安事件中，只要是周消保官放上官网的案例，都是特别重要、值得关注的事件，原则上他们一定会来采访。超市之前放我和周消保官鸽子，因此"荣登"一月份不到场协商业者名单。

　　3月5日，华视新闻主播苏逸洪在《晚间新闻》中专题报道了关于我的采访内容，"卖场未开放楼层无栅栏，顾客误闯受伤！"。就在一周后，我和超市的调解会议，正式展开。

　　3月12日，新北市板桥区调解委员会的"最终协商谈判"，调解委员邱先生是一位资深的退休书记，一开始就向我抱怨，光是这个调解委员会，一年就有六千多件的调解案件，业务十分繁忙，我跟他说："您真是辛苦了！"

　　超市派出了庞大的谈判团队，包括总公司的大律师、公关室经理、分店楼管安全经理，以及号称是谈判专家的保险公证人，而我只有自己一个人应战，看似一夫当关。

　　双方面对面坐着，调解委员坐中间，在委员做了简短的开场白之后，谈判正式开始。对方律师首先出牌："郑先生，我们很有诚意要来跟您谈协商理赔事宜，但您的要求金额42万新台币实在是太高了！公司在参酌之前的案例，审慎评估后，愿意赔偿您从3.6万新台币增加约一倍到6.6万新台币（约等于1.5万元），六六大顺也是祝您早日康复，平安健康。这是我们最大的诚意了，希望您能接受。"

　　差了将近七倍的理赔数字，让人很难接受，我直接向调解委员表达拒绝之意，坚持既定的理赔目标。对方见状，要求到外面讨论，跟总公司回报目前的情况。会议室里剩下我跟调解委员邱先生，他小声地跟我说："郑先生，我看对方也蛮有诚意的，你看要不要凑个整数10万新台币（约等于2.3万元），等一下我来帮你谈！"

我感谢他的好意，但谈判才刚进行不久，还是想继续努力争取自己的权益。30分钟后对方进场，表明增加理赔金额真的有困难，但已尽力帮我争取到8万新台币（约等于1.9万元）的上限，请我能体谅他们的努力和难处。

我还是摇摇头说："NO！"双方陷入僵局。这时调解委员邱先生拉住我，在纸上写了一个数字"12"（指12万新台币，约等于2.8万元），并问我："就这个数字，我来努力帮你跟对方谈谈看，你觉得如何？"

当下我的直觉是："现场原本是一个打四个，我不能让局面失控为一个打五个，我得给调解委员面子。这个数字虽然不漂亮，但已经增加到两位数，也是一开始对方叫价的两倍，也许可以接受了。再纠缠下去，若今日谈判破局，上法院又不知要打官司到何年何月。重点是邱先生应该会站在我的立场，努力帮我争取权益的！"

人有时候不是只跟对手谈判，更多的时间是在跟内心的自我进行对谈，进而转化为外在的言行举止或做出决定。于是我面露难色，很不情愿地回复调解委员邱先生："好吧！既然您都这么说了，那就麻烦您了。但这数字和我的预计实在是差很大，所以要是对方再不接受，今天就不好意思让您白跑一趟了，感谢您！"话一说完，他就请我先离开会议室到外面等候，让他来好好跟对方的谈判团队谈判一下。

站在会议室外面，不时听到里面的激烈攻防，超市的谈判代表们不怕被我听到，一再重复大声地说："恐怕有困难，真的办不到，已经尽力了，实在是底线！"调解委员也义正词严地要他们再打电话回去争取，看有没有机会让这件事赶快和平落幕。此时站在门外的我，突然有一种"不祥"的预感：这数字应该成了，对方这次一定会答应！

30分钟的等待是漫长的，只见调解委员带着欣喜满足的表情，冲出会议室对我说："郑先生，恭喜你，对方答应了你的要求！"我故作镇定地表示感谢。坦白说，当下的心情是有些复杂和懊悔的，也许该多坚持些，如果再多撑一下，是不是就能完成我的既定目标，或是更接近些？

这就是人性，永远嫌不够！就像房子买卖的双方，当彼此终于达成协议，拍板定案的那一刻，除了表面的喜悦之外，买方心中想的通常是："哇！我会不会买贵了？他怎么那么快就答应了这个价钱？我应该再多杀一些价才对！"

而卖方的瞬间念头也常是："我的房子是不是卖得太便宜了？也许我应该更坚定地锁住原本预计的价格吧？我的房子可能不止这个行情哦？"

无论如何，一定要记住，谈判时"兵不厌诈，拼命厮杀"；成交后"互相恭喜，共好双赢"。

谈判最难学的四个字，就是"见好就收"。但是什么才算"好"？如何才能"收"？这不只是谈判技巧，也是谈判的涵养与智慧，更是一种人生价值观。虽然内心有些矛盾、但历时长达半年之久的谈判，总算有了不满意但可以接受的结果，对双方而言，这都是一种解脱，也算是和平落幕。

当我缓缓地走进会议室，调解委员向双方宣布本次调解成立：超市将给付 12 万新台币的损害赔偿金予郑立德先生，恭喜调解圆满结束。

然而就在此时，声称是谈判专家的保险公证人突然提出要求："希望将之前已赔偿的医药费及眼镜费用共 1.518 万新台币（约等于 3 500 元），从这笔理赔金额中扣除。"我听了火冒三丈，正要发作时，没想到调解委员邱先生动作更快，直接斥责对方少说这些有的没的，说好 12 万新台币就是 12 万新台币，没有什么好扣除的。

当下我的感觉是，出来江湖行走，人情和面子总是有来有往，刚才我爽快地接受邱先生写在纸上的建议，现在则是他对我的回馈及支持，心中不禁多了几分温暖和感激。

然而正当我要签署调解笔录时，超市的律师张小姐提出了一个让人惊讶的不情之请："郑先生，感谢您接受我们公司的最大诚意。因为这是本公司这类案件有史以来赔偿最多金额的一次，而且我知道您是教授谈判的专业讲师，是不是可以麻烦您帮我们签一个保密条款，请不要在之后您的谈判课堂上，提到本公司这次和您达成的调解结果，好吗？"

这下我真的怒了！理赔金额是调解委员给我的建议，是在非常勉强的情况下接受了这样不尽理想的赔偿数字，我是因为不想再做长期抗战的准备，若调解破局，则最终赔偿结果将遥遥无期，这不是我所乐见的。因此在很为难的情况下，追求速战速决后的心灵平静，也是一种难得的价值。但若是要我签保密条款，禁止我在课堂上提及这次的公共安全理赔谈判案例，不仅是一种过分的要求，说严重一点，这对于身为谈判讲师的我，甚至是一种羞辱！

虽然调解委员此时开口帮对方说话，强调不过就是签张保密条款，实在无妨，这只是个形式，到时就算我在课堂上提到本次的理赔事件，对方也无从查证。调解委员的说法原则上是对的，但此时的我已无法想太多，只觉得"是可忍，孰不可忍"，情绪左右了当下的理性，我坚定明确地大声表示："绝不签保密条款，宁可破局法院见！"（谈判硬出牌——先声夺人）

对方的谈判团队整个被我吓到了，没想到一直看来温文儒雅的我，竟有如此大的反弹，律师噤若寒蝉，不再多说什么。就这样双方顺利地签好调解笔录，完成了"周末暗夜受伤事件"的谈判协商。走出板桥区调解委员会大门，我松了一口气，有感而发地在社交媒体打了卡："世间多少事，尽付谈判中！"

超市公共安全意外事件理赔谈判的 10 个"小谈判，大启示"：

1. 性格。试着问自己，如果不幸遇到这样的公共安全意外，你会如何处理？是自认倒霉，还是要为自己讨个公道？若是后者，你又愿意付出多少时间和精力，去争取自身的权益呢？曾有好朋友建议我："Leader，得饶人处且饶人，其实你脸上的疤看不大出来，还好嘛！"

我能理解朋友的好意劝告，然而会有这样的说法，可能因为这道疤并不在他本人或家人的脸上。同理心说来简单，但真要能将心比心、换位思考，实非容易的事，这本来就是一门人生的重要课题。

事实上，一定有人可以接受超市最初提出的条件，即"医药费的 2 倍金额"，甚至一盒水果、一个诚意十足的登门道歉，都是一种可能的结果。同样的，不满意就坚持告到底，得理不饶人的也大有人在。

正所谓"一种米养百种人"，因此上谈判桌时，总有先声夺人的谈判者硬出牌，姿态摆得很高，非赢不可，然而到最后可能会精疲力竭，伤害彼此感情。反之，若是软性的谈判者，在乎良好关系的维系，却容易被对方得寸进尺，谈判结果常被占便宜，感觉自己很窝囊，难受想哭。性格不只决定命运，往往也影响到我们的行为或是谈判策略。

2. 能力。第一次和超市谈判代表见面时，我就清楚地对"声称有二十年丰富产险理赔经验"的陈姓保险公证人表明，我是位教谈判的讲师，当然这不表示我一定很会谈判，有多厉害，只想让对方知道，我具备一定的谈判能力和谈判素养，请对方别轻忽我在谈判上的韧性及专业度。

同时，我不是来逞凶斗狠的，而是要争取身为一位受伤消费者所应有的权益。《孙子兵法》说："杀敌者，怒也。"所以我一直保留着受伤当天晚上看来惨不忍睹的照片，以保持怒气，维持反击的情绪和能力。

3. 资源及信息。除了谈判能力有强弱之分，"资源"与"信息"也是准备谈判的重要元素之一。

在"资源"的部分，当我脸上的伤口刚拆完线没多久，准备进行初步谈判之前，我请教了几位当律师的老同学，了解类似的公共安全事件，法院是否有判例可循？

　　而正当我准备向法院提出"业务过失伤害"诉讼之际，也从同学口中得知，我的谈判对手习于跟当事人在法院缠斗，原则上不会顾忌品牌形象而轻易妥协，算是个谈判桌上的狠角色。虽然这让我感到有些讶异，但更让我知彼知己，从而早早地另谋对策。

　　此外，当我发现超市的公关室并未好好处理这件公共安全危机案件时，我也直接请教了在媒体行业工作多年的大学同学，看能否通过新闻媒体的采访，为我这个市井小民发声。没想到才刚放下电话，《壹周刊》的记者便来电说："奉总编辑指示，要约见面做公共安全意外事件的专访。"吓了我一跳，这效率也太高了吧！但念头一转，想想自己若是为了这样的小事而上《壹周刊》值得吗？实在犯不着轻易动用如此杀伤力强大的资源。于是我只把这通电话放在心里，当作一个虚张声势，备而不用的隐藏筹码。

　　我的老师——和风谈判学院的刘必荣教授，以及担任调解委员的学长，也在谈判及和解处理事宜的专业与经验上，提供了相当宝贵的想法及建议。

　　至于物的"资源"，记者专题采访登上平面报纸和电视、新北市政府法制局周消保官召开协商会的公文函、新北地方法院检察署的刑事传票……都是我跟对手谈判周旋的有力资源。

而在"信息"方面，如果你知道对手不知道的事，或是掌握到他们不想让你知道的信息，你就有机会扭转乾坤，反败为胜！"信息"是赢得谈判的重要因子，取得对方不想让你知情的关键情报，就能厘清制胜的关键，找到成功的方向。

譬如，因为周消保官登在新北市政府官网上的新闻稿，让超市登上"一月份不到场协商业者名单"，就是我借由媒体记者采访所得到的重要信息，由此可感受到周消保官和大多数媒体记者对我这个受害者的善意和支持，让我对于这次的谈判更有信心，告诉自己一定要坚持下去。而搜集到平面媒体剪报"近年公安意外消费者求偿的判决"，也让自己的心情更笃定踏实，了解了自己的要求是符合近来法院判例的结果的。

《孙子兵法·始计篇》提到资源与信息的重要："夫未战而庙算胜者，得算多也；未战而庙算不胜者，得算少也；多算胜，少算不胜，而况于无算乎！吾以此观之，胜负见矣。"

在打仗或谈判之前，先掂掂自己的斤两，盘算自己所掌握的资源与信息，是否有足够的筹码打赢这场战争？筹码多的占优势、胜率高，筹码少的则屈居下风，很可能吃败仗，何况完全没有资源和筹码呢？

表面看来，超市应该资源比我丰富很多，这是一场小虾米对大鲸鱼的战争。但我努力善用资源，搜集有利信息，而不至于完全受对方操控，只能在谈判桌上放手一搏。

4. 选项。人生路上，总有许多不同的"选项"，谈判也是如此！以理赔金额为例，超市阵营愿意付的金额，从一开始医药费的 2 倍金额（6 580 新台币），精神慰抚金 25 000 新台币，12 倍的医药费共约 36 000 新台币，在调解委员会增加一倍到 66 000 新台币，最后同意给付 12 万新台币。

我一开始要求六个月的薪资 42 万新台币，隐藏在心中的其他选项是三个月的薪资 21 万新台币（打对折），或是约为六个月的基本工资 12 万新台币，最后接受调解委员的建议，12 万新台币。调解委员第一次建议的 10 万新台币不被接受，第二次建议 12 万新台币即为最终调解成功的数字。

若从我的立场来看，最终理赔金额从原本要求的 42 万骤降为 12 万，账面上被对方足足砍了 30 万，这似乎是一场失败的理赔谈判。但若从超市的角度来看，从一开始只愿意理赔的两倍医药费 6 580 新台币，到最终共理赔了 13.5185 万新台币（含眼镜费用），约是原来开出金额的 20.5 倍，又似乎是超市做了极大的让步。再换个角度思考，一半新台币加一半超市发行的礼券，也是谈判双方都可能提出的一种选项。

坦白说，一篮水果加上诚心的道歉，和超市进行理赔谈判、向消保官求助、寄发存证信函给超市、到法院按铃控告、上媒体杂志宣传诉苦、找民意代表喉舌协商、跑去超市总公司门口绑白布条抗议，甚至请黑道势力从中协调，都是一种谈判的选项。

也许多管齐下，或是择优进行，在准备谈判前或是谈判过程中，我们都会面临许多选择，需要审慎评估，三思而后行。我们要看何种选项是最可行且最有利于自己的，坚持下去，勇敢前进。

5. **底线、心锚。** 每个人的心中，都有一把尺。

上谈判桌时，人们都带着自己的一套标准，或是在心中画出一道底线，这是对手不可轻易逾越的一道鸿沟，有时也是谈判成功与否的关键。

"底线"未必是完全不可改变的，但它绝对是影响我们最终做决定的重要标准。套用神经语言程序学（NLP）的专业术语，底线也可以说是在谈判时，为自己下了心锚，增强自己的意志与信念，帮助自己守住原则，不轻易让步。

以本案为例，在准备上谈判桌前，我跟一位非常尊敬的前辈聊及此事，他听完我的故事便说："如果我是对方，就用6万新台币（约等于1.4万元）来解决这件纠纷。"

有趣的是，就从那天起，"6万"就成为我的心锚，这金额成为我的谈判底线。在谈判时，问问自己，你心中的那条线画在哪里？带着较坚定的底线，通常会有较理想的谈判结果，不信你可以试一试！

6. **标准**。谈判前请教几位律师老同学，除了参考相关法条，也搜集了法院近年公共安全意外消费者求偿的判决案例，综合汇整信息所得到较合理的理赔金额落在5万新台币（约等于1.2万元）到15万元（约等于3.6万元）之间，最多不会超过20万新台币（约等于4.7万元）。在审慎评估之后，心中便有了一个数字概念，让自己可以据理力争而有所本。

至于理赔的基准，是用"受害者的薪资"或"社会新人的基本薪资"乘上3或6个月所得金额，还是依照"超市之前类似理赔事件的赔偿金"，或是以"法院近来真实判例的数字"为标准，这是谈判双方要努力讨论协商的议题。公平合理很重要，但要如何寻求真正让人较心服口服的结果，就看谁能举出较具公信力的证据或标准了。

7. **时间及时机**。谈判时常要考虑到"时间因素"，问自己："有没有时间跟对方纠缠下去？""相较之下，谁比较急？""有没有和对方拖时间的筹码或本钱？"……把握正确精准的"时机"出牌，则是谈判成功的重要因子。

以本案来说，当很多媒体因为消保官将本案公布在新北市政府官网上而争相来专访我，此时绝对是个谈判的好时机，正所谓"顺势而为，打铁趁热"！舆论的压力在对方身上，把握时机，才有机会得到更多。"十年河西，十年河东；看准出手，见好就收！"这是谈判谋略，也是人生智慧。

8. **阵营、谈判团队**。从第一次谈判，超市派出保险公证人和卖场安全经理 2 位代表，到最终调解委员会时，再加上公关室经理及总公司的律师共 4 人上谈判桌应战，而我始终是单枪匹马，一人面对。

人多好办事，还是人多嘴杂，要看这个谈判团队的专业分工是否缜密到位，谁是主谈者？谁来记录谈判内容？谁负责策略支援？谁要做好后勤补给？又是谁去联络相关人员？事实上，谈判团队的内部沟通是否顺畅无碍，对于谈判团队的战力，有非常重要且深远的影响。若是一个人上桌谈判，一定要尽可能地充分准备，在对手面前展现自信与决心，输人不输阵。

9. **谈判收尾的回马枪**。当双方谈好赔偿金额，准备签订调解笔录以结束本案，一切看来正要拨云见日之际，超市提出过两次额外的要求：第一次是当公证人提出赔偿金额的 12 万新台币，应将之前已给付"医药费及眼镜费用"的 1.5185 万新台币从中扣除时，引起我的不满。

正准备翻桌之时，调解委员抢先一步跳出来大声严厉地斥责对方别耍小手段，说好 12 万就是 12 万。他要对方的保险公证人搞清楚状况，别找麻烦。

第二次是对方律师要求我签署保密条款，我直接严正地拒绝，并清楚表明破局的意愿。纵使调解委员此时换站在对方的立场，帮忙求情，我仍不为所动，对方也只能作罢。

超市这两次的要求，都算是谈判上的回马枪，即在谈判结果接近圆满完成之际，签约之前，其中一方突然提出额外的"小小要求"，希望对方能满足。

例如房屋买卖双方在签约之际，有时买方会跟卖方提出"家具是否可以留下？""窗帘跟我的家具很搭，能不能留下来给我使用？"等要求，试探卖方的底线。如果这家具不是祖传的，也非意大利进口的，或是卖方不想带走的，则买方通常能如愿以偿，多拿一些。

只是超市的这两次"回马枪"，让我一次比一次更火大，结果就无法如其所愿！如果你能知彼知己，清楚了解对方的习性和处境，就可以更精准地做出正确的要求与回应。

10．知足满足，见好就收。前面说过，我并不想继续跟超市缠斗下去，费时费力，一旦谈判或诉讼的程序拖久了，时间必然不站在我这边。因此当调解委员在纸上写下 12（万）的数字时，我当下便做出重要的决定："不如给调解委员一个面子吧！等下他就算没帮我，应该也会比较保持中立才对。在这谈判桌上，我已是处于人数上的弱势，若对方赢得了调解委员的关注和支持，则如虎添翼，局势对我而言势必不利。"

我告诉自己："对方已经增加到 20.5 倍了，不如见好就收吧！"其实我们常常自己跟自己在进行内部谈判。

　　满足和知足，如何见好就收，不只谈判时要特别留意，这更是一门人生功课。

结束语

老子在《道德经》第 44 章说："知足不辱，知止不殆，可以长久。"

懂得满足，节欲不贪，就不会受到困辱；懂得适可而止，知所进退，就不容易陷入危险。（谈判要留一条路给对方走，也要帮自己找到回家的路）最终得以绵延不绝，长存久远。（维护个人的长久利益，或维系谈判双方的长远关系）

谈判这件事，"追求利益，尽力争取；想要全拿，啥都没有；不求全拿，但得更多。"

谈判力，就是你的超能力！本书想要分享的，不只是谈判的概念、观念、技巧、话术、心法、策略、谋略等，更是一种有如让大地吹起煦煦和风，让温暖阳光照进来的正向的谈判价值观，希望您从中有所收获。

在此送给各位读者一首诗，为本书做个小结：

手把青秧插满田，

（上桌谈判时，你得认真用心尽力地充分准备。）

低头便见水中天；

（谈判有时你得一忍再忍，为达目标，争取利益而降低姿态，放下身段。）

六根清净方为道，

（谈判时深吸口气，保持内心平静和头脑冷静，不卑不亢，软中带硬有弹性。）

退步原来是向前。

（谈判让步是一种技巧、胆识和策略，抛砖要能引玉，委曲务必求全！莫忘初衷，才能有始有终，克尽全功。）

最后再奉上一副对联，感谢您与我及本书的结缘：

上联：有攻有守有准备

谈判无论进攻或防守，都要充分准备，尽力而为。谁投入的心力较大，胜算就会较高，最起码无愧于心，不留遗憾。

下联：莫急莫慌莫害怕

有备而来，临危不乱。就算是以小搏大，也无须妄自菲薄，恐惧退缩。对方既然愿意跟我们谈，表示我们一定有他想要的东西，善用自己的优势，打一手好牌。

横批：见好就收

这句话不仅是谈判心法、态度，更是一种谈判的价值观和人生学习的重要课题。

什么叫"好"？多好是"好"？有没有看到"好"？看到了"好"有没有要"收"？愿不愿意"收"？能不能"收"？你通常是"适可而止"还是"得寸进尺"？

"得寸进尺"是人性，"见好就收"则是人性的考验与修为，是一种谈判的艺术和智慧，更是人生的一种境界，可能需要我们用一辈子去学习修炼。但至少读了本书，你知道了，体会了，就进步了。

感谢您的阅读，让我们一起学谈判，培养超能力：

不求全拿，但得更多——双赢谈判力，越谈越有利。